恋愛ビジネスプロデューサー

秋山　剛

男女のタイプがまるわかり

恋愛キャラ図鑑

恋のクセ強
キャラを
恋愛の専門家が
徹底分析！

JN075941

Clover
クローバー出版

はじめに　……………………………………………………………

「恋愛が、なんだかうまくいかないな…」
「いつも同じパターンに陥ってしまっている気がする…」
「あの人って、ちょっと独特だな」
　と感じることはありませんか？

　じつは、恋愛のパターンや恋愛をしているときに出てくるキャラクターを知ると、その人の本質が見えてきます。
　恋愛や異性とのコミュニケーションは、本来、自分の世界を広げてくれる素晴らしいものなのです。

　とはいえ、恋愛や婚活やパートナーシップについて悩んでいて、「プロに相談したい」という男女は年々増えてきています…。

　わたしは結婚相談所を経営して13年、300人以上を成婚に導き、婚活パーティーを主催し、3000人以上に出会ってきました。
　男女のつながりをサポートしていくなかで、うまくいく人もうまくいかない人もたくさん見てきましたし、1年以上にわたって、複雑な恋愛相談を担当したこともあります。
　これらの経験を活かして、現在は、「パートナーシップ」や「男女のコミュニケーション」をテーマにサービス提供しているプロの方たちのサポートも行っています。

・婚活をしている人

・「いい恋をしたい」と思っている人

・恋愛経験がない人、恋愛が長続きしない人

・仕事に夢中で、恋愛がうまくいかない人

・まわりにこじれている人が多い人

・パートナーシップのことをお仕事として扱っている人

　本書は、このようなみなさんのお役に立てるよう、わたしのこれまでの経験を元に、恋愛のタイプを可愛らしいキャラクターにしてご紹介しています。

　自分のタイプと相手のタイプを知ることで、よりよいつながりをつくっていきましょう。

　また、恋愛や婚活やパートナーシップに関わっているお仕事の人にとっても、相手を客観的に見るためのバイブルになれば幸いです。

　恋愛がうまくいくと、仕事やほかのこともうまくいくようになりますよ。

　ぜひ、楽しみながら読み進めてみてください。

秋山剛

男子キャラクター

恋愛審査員

キリっ！

そういうとこなの

♥ 特徴 ♥

相手のダメなところ
ばかり気になる女性。
何かと指摘して更正
させようとする。

♥ 職業、生息地

マナー講師
セミナー講師
老舗デパートの化粧品売り場

♥ 口グセ

「そういうとこなの！」
「嫌いじゃないけど」
「あなたのためを思って言っているんですよ」
「惜しい！　ここが残念なポイントなのよねぇ！」

♥ 陥りがちな症状

自分がミスしたとき、最悪だと激しく落ち込む。
人にも厳しく、0か100かで判断する。
相手をジャッジしている瞬間、「わたし、世の中の役に立てている！」
と思いがち。

♥ 喜ばせポイント

頼りにすると、「しょうがないわね」と言いながらも張り切る。
「そこは気づかなかった」「アゲマンだね」など、暗に「君ってすごいね!」
という言葉に弱い。

♥ 禁句

「それ、ほかの人にも言われるなぁ」「もう、それ知ってることだけれ
ど…」などのひと言は、プライドをキズつけられたと思って、激しく落
ち込むか、逆ギレして手がつけられなくなる可能性大。

♥ 恋愛がうまくいくアドバイス

厳しくしすぎると、相手に圧迫感を与えてしまいますよ。
批判はやめて、相手のいいところを見つけて伝えてみましょう。
きっと喜んで、あなたとの信頼関係も深まりますよ♡

♥ 相性がいい相手

優柔不男
⇒恋愛経験が少なく、デートの場所を決められないような優柔不断な
　男性。

♥ このタイプの人にありがちな背景、環境、過去

テストで90点を取っても「100点じゃなかった…」と、自分に厳しい
評価を与え続けてきた学生時代。
厳しい親に育てられ、きょうだいのなかでも常に比較されてきた。
学級委員や生徒会長に選ばれることに闘志を燃やした過去がある。学
校でも職場でも、煙たがられる存在。

恋愛グロッキー女子

♥ 特 徴 ♥

婚活がうまくいかない状況が続いて、疲れている女性。
自信がなく、うしろ向きな発言が多い。
一度落ち込むと立ち直るのに時間がかかる。いつも誰かに助けてほしいと思っ
ている。よくため息をつく。疲れやすくて、いつも元気がないように見える。

また わたし、
選ばれないんでしょ？

♥ 職業、生息地

婚活パーティー、街コン
コンビニのお惣菜コーナー

♥ 口グセ

「また、わたし選ばれないんでしょ」
「妥協しようかな」
「疲れちゃったな」

♥ 陥りがちな症状

婚活疲労症候群。結婚していないので自信がない。
結果を急ぐあまりすぐに落ち込み、その場を楽しめない。気持ちばかり
が焦る割に、自分からアピールする勇気がないのでなかなか先に進
めない。

♥ 喜ばせポイント

「一緒にいると落ち着く」と言われると、思わぬ家庭的な一面が顔をの

ぞかせるかも。

「それ、あなたのいいところだよね!」といいところをほめると、笑顔が
増えて元気に。

♥ 禁句

「がんばれ!」「自信を持って!」などのひと言は、「これでもがんばって
いるんだけどな…」と、どんどん自信をなくしてしまいます。

「まだやっているの?」という言葉にもキズつき、自己否定が始まって
しまう。

「やる気ある? 体調悪いの?」というように心配されると、「あぁ、わ
たしダメなんだ…」と余計に暗くなりそう。

♥ 恋愛がうまくいくアドバイス

きっとうまくいくから焦らず、無理をしないようにしましょう。あな
たは十分魅力的です!

ありのままのあなたに、安心感を覚える人がいるかも。まずは自分か
らすすんで相手をほめてみると、あなたのいいところも見つけてもら
えますよ。食事や睡眠など生活面を見直して健康的に過ごすと、いい
出会いが近づきそう。

♥ 相性がいい相手

ロンパ男子
⇒論破が美徳の男性。

♥ このタイプの人にありがちな背景、環境、過去

結果を急ぎすぎる。

親や友人、職場の人たちから結婚を急かされ、とにかく結婚をしたい
という気持ちで婚活に臨んでいる。

すぐに結果が出ないと焦ってしまい、先に気持ちが疲れてしまう。

食が細く、スタミナ不足。

親に「お前はダメだ」と言われて育った経験が、自信のなさにつながっ
ている。

無キュン子

ドキドキできる男が
いないの。

♥ 特 徴 ♥

ドキドキできない、恋
愛感情を忘れてしまっ
た女性。
男性を下に見ていて、
頼りないと思っている
ことが態度に出てし
まう。本当は甘えたい
のに素直になれず、強
がりを言ってしまう。

♥ 職業、生息地

マネジャークラス、店長クラス、夜更けのバー

♥ ログセ

「ドキドキできる男がいないの」
「わたし、中身おっさんなの」
「男なんてさ〜…」

♥ 陥りがちな症状

不倫（刺激がほしい）。バンジージャンプ女子の一歩手前の状態。お酒
の力でさみしさを紛らわせがちなので、アルコール依存症になることも。
ひとり飲みで自分に酔うこと多し。好きなお酒はハイボール。

♥ 喜ばせポイント

「じつはさみしがり屋でしょ」と言われると、「そうなの！　わかって
くれるのね!」とテンションが上がり、相手を好きだと勘違いしてしま
いそう。

「スタイル抜群だね」「意外と家庭的なんだね」のひと言には、とても
喜ぶ。

♥ 禁句

「仕事できないな」「そんなこともわからないの？」といったひと言には、
プライドが許しません。気の強さが顔を出し、猛烈に反撃します。売り
言葉に買い言葉で、相手に対して批判が始まってしまうかも…。

♥ 恋愛がうまくいくアドバイス

恋愛を直感任せにせず、その人のよさをしっかり見て、人を好きにな
る努力をしましょう。自分の話を聞いてもらうばかりではなく、相手
の話もじっくり聞いてあげると、好感度がグンとアップしますよ！
姉御肌を活かして、面倒見のよさが発揮されると、年下から慕われそう。

♥ 相性がいい相手

オフサイド男子
⇒ゴール（SEX）を決めることばかり意識している。

♥ このタイプの人にありがちな背景、環境、過去

男性をライバル視している。
とくに管理職など男性優位と言われるところで、男勝りになる。
子どもの頃、同級生の男の子に馬鹿にされて、大喧嘩した経験あり。反
抗期が長かったうえ、負けず嫌いでプライドが高く、自分のことを少
しでも指摘されると戦闘態勢に入る。

態度ザツ子(本命以外)

♥ 特 徴 ♥

いいなと思う男性と会話が続かない。
どうでもいい男性には態度が悪い。
思い込みが激しいタイプ。
大人数より少人数を好む。

♥ 職業、生息地

マスターが優しいバーへひとりで行く、ホームセンター
美容師

♥ ログセ

「わたしはいいです、いいです」
「お先どうぞ、どうぞ」
「運命の人かも!(ひとりでつぶやく)」
「バッキャロ〜!(酔いつぶれたとき)」

♥ 陥りがちな症状

ひとり飲み。バーで愚痴を言って店員に嫌われる。酔いつぶれて千鳥
足で鼻歌を歌いながら家路につくことが何度もある。相手によって態
度の違いがあからさま。好みの男性に対しては、意識しすぎてうまく
話せず、あとで後悔してしまう。

♥ 喜ばせポイント

センスをほめる（犬、持ち物）。
「器用だね」「情が深いね」と言われると、「そ、そ、そうかな♪」と顔が
にやけ、喜びが隠せない。

♥ 禁句

強引な口説きには、ドン引き。
「裏表がありそう」「いま、適当に言ったでしょ!?」という指摘は、図星
なことが多く、ごまかしが利かないため逆ギレする可能性大。
「何を言っているの?」「意味がわからない」などと言うと、自信をなく
して落ち込んでしまいそう。

♥ 恋愛がうまくいくアドバイス

自分の趣味を発信して、趣味仲間と恋愛を始めるといいでしょう。
じつは手先が器用な人も多いので、特技を活かせると興味を持っても
らえるかも。相手が困っているときに手伝ってあげると、感謝されて
いい人と出会える機会が増えるでしょう。

♥ 相性がいい相手

ベニッシモ男子
⇒女性をほめまくる男性。ベニッシモ＝イタリア語でベリーグッドの
　意味。

♥ このタイプの人にありがちな背景、環境、過去

学生時代に、告白して失敗した経験がある。嫌われることを恐れて、な
かなか自分から積極的になれない。若い頃、不良だった人も多い。親が
あっさりしたタイプで、親からの愛情が薄く満たされないで育った。
面倒くさがりで家事が苦手なため、便利グッズを求めてホームセンター
に出没しやすい。

バーゲン女子

♥ 特 徴 ♥

嫌われるのが嫌で、すぐ身体を許してしまう女性。
物欲が強く、物を手に入れても満たされない。

どうぞ♡

♥ 職業、生息地

マッチングアプリ
デパートのバーゲン会場、ワゴンセール

♥ 口グセ

「いつもはこんなんじゃないのよ」
「酔ってたからあまり覚えてないの」
「見つけた！　わたしのタイプ♪」

♥ 陥りがちな症状

飽きられて音信不通。よくない噂が広まる。
本命とは結ばれず、気がつけばいつもひとり。身のまわりに、買ったはいいが使っていないものがあふれている。家がゴミ屋敷化。

♥ 喜ばせポイント

「モテるでしょ?」と言われると、「そんなことないけど…バレちゃった?」と有頂天になります。「ノリがいいね!」という言葉には、さらにテンションが上がる傾向あり。

♥ 禁句

「誰とでもすぐするの?」「軽いね」といったひと言には、言い訳をするか、自慢話に持っていきます。聞かされるほうが「言わなければよかった」と、嫌な気持ちになってしまいそう。

「また買うの?」という言葉に、物で気持ちを埋めようとしていることに気づき、虚しさを感じる。

♥ 恋愛がうまくいくアドバイス

自分自身を雑に扱っていると、大切なあなた自身が男性から雑に扱われてしまいますよ!

まずは自分を大切にして、本当に好きなことを探求してみましょう。好きなものだけを丁寧に扱い、身のまわりの整理整頓をして生活を整えると、いい縁が近づいてくるかも。

♥ 相性がいい相手

友だち以上恋人未マン

⇒いつもいい人どまりで、恋愛に進展しない男性。

♥ このタイプの人にありがちな背景、環境、過去

自信がなく、嫌われたくなくて身体を許してしまう。学生時代にモテなかった。子どもの頃に鍵っ子で育ち、さみしい思いをしていた経験がある。安易に物で気持ちを埋めようとしがち。いつも満たされず、どこかさみしさを抱えている。掃除、整理整頓が苦手。友だちが少ない。

恋のマボロシ女子

♥ 特 徴 ♥

いいなと思った男性からの連絡が、いつも急に途絶えてしまう。
現実から逃避していて、妄想の世界に住んでいる。男性にも女性に
も世話焼きで、文句を言いながらも手を貸すが、男性からはうるさ
く思われてしまう。

♥ 職業、生息地

合コン
友だちの結婚式
同窓会
さびれたスナックのママ

♥ ログセ

「男ってわからない」
「いつもこうなの」
「まったく世話が焼けるわね」

♥ 陥りがちな症状

勝手に彼氏だと思い込んで、次の恋に行けない。
あれこれ世話を焼きすぎて、都合のいい女になりやすい。うるさく思
われて引かれているのに、気づかず逆効果になる。

1回キリ

音信不通

マボロシ…。

♥ 喜ばせポイント

「一途だね」「尽くすタイプだね」「面倒見がいい」「気が利くね」などの言葉に喜ぶ。

「また会いたい」のひと言には最高にテンションが上がる。

♥ 禁句

「二股されてるよ」「その人、本当に彼氏なの?」「都合のいい人になっているよ」「目を覚まして」など、現実を見るような言葉には拒絶する。「余計なお世話」「もう放っておいて」と言われると、激しく自尊心がキズつく。

♥ 恋愛がうまくいくアドバイス

もっと出会いを増やしましょう。

ひとりを追いかけすぎると、結局逃げられてしまいそう。もしかしたら、すぐ近くにぴったりな人がいるかも。目の前の現実をよく見て。なんでもやってあげようとせずに、相手を尊重したうえで、手を貸したり応援することであなたのよさを活かせますよ。

♥ 相性がいい相手

ピンポン男子

⇒気づかいのできる男性。会話のラリーが続く。

♥ このタイプの人にありがちな背景、環境、過去

男性経験が少ない。引っ込み思案。ただし、親友や女友だちは多い。いまでも連絡をとっている幼馴染がいる。基本的に面倒見がいいので、同性から慕われる傾向にある。困っている人を見ると放っておけないタイプ。本人は覚えていないが、「あのとき助けてもらった」という人は少なくない。

トラウマ女子

♥ 特 徴 ♥

過去の恋愛のトラウマから、絶対、自分は選ばれない、運が悪いと思い込んでいる女性。自分には魅力や価値がないと、自己否定をしてしまう。男性に対して不信感を持っているため、新たな一歩が踏み出せない。

わたしなんか
選ばれない…

♥ 職業、生息地

占い、カウンセリング、猫カフェ

♥ ログセ

「わたしなんか選ばれない」
「絶対無理！」
「どうせ…」
「なんて運が悪いんだろう」

♥ 陥りがちな症状

大事な出会いを見逃す、チャンスを逃す。ショックだった恋愛経験を何度も思い出して、マイナスなイメージを持ち続けている。

♥ 喜ばせポイント

サプライズで驚かせると、「わたしのこと、考えてくれていたんだ」と嬉しくなる。「優しいね」など、いいところをほめる言葉には、ホロリと来て少しずつ心を開いてくれるかも。「いいこともあるよ」と励ますと、一瞬元気になる。

♥ 禁句

「君に原因があるよ」「自分のせいだよね」といったひと言に、「やっぱりわたしはダメなんだ…」と、激しく落ち込む。一度落ち込むと、立ち直るまでに時間がかかる。
「友だちいないんじゃない?」という言葉には、図星なだけにキズつく。

♥ 恋愛がうまくいくアドバイス

そのままではいつまでも一歩が踏み出せないので、おとなしい恋愛弱者とのデートから始めましょう。誰かと信頼関係を築いていくことで、少しずつ自信がついていきますよ。自分の感情を素直に感じ、受け入れることがポイントです。人のいいところを探すクセをつけるといいでしょう。

♥ 相性がいい相手

トリートメント男子
⇒女性を優しく保護する男性。いかにも優しそう。

♥ このタイプの人にありがちな背景、環境、過去

大好きな男性からひどい裏切りを受けた経験がある。父親の愛を受けていない。
あまりほめられずに育ってきたからか、人と一歩踏み込んだ付き合いができず、コミュニケーションのとり方がわからない。相手の気持ちを察することが苦手。動物に癒しを求めて、猫カフェなどに足を運ぶ。

永遠の二番手

♥ 特 徴 ♥

結婚を考えていない男性や、既婚者だけにアプローチされるアラサー女性。自分に自信がなく、人の意見に左右されがち。意外と家事は得意。

♥ 職業、生息地

社内、営業事務、秘書、キッチン

♥ ログセ

「彼女いるでしょ？」

「奥さんいるでしょ？」

「ろくな男が寄ってこないわ…」

♥ 陥りがちな症状

まわりの男に魅力を感じない。「しあわせになりたい」と言いながら、

不倫や、彼女のいる人を好きになってしまう。待つばかりで、気がつけばいつもひとり。

♥ 喜ばせポイント

唯一よく言われる「頭がいいね」という言葉には、自信がわいて張り切る。
「美味しそうなお弁当だね」「家庭的なんだね」とほめると喜ぶ。

♥ 禁句

「いつまでたっても結婚できないよ」「あれ？ まだ独身？」と言われると、キズついて目を合わせてくれなくなるかも。

♥ 恋愛がうまくいくアドバイス

ずっと不倫を繰り返してしまうので、包容力のある男性ではなく年下を育てましょう。相手に何をしてあげたら喜ぶのかを考えるようにすると、自分も嬉しいことに気づきます。そうすると、あなただけを大切にしてくれる人との出会いが待っていますよ。

♥ 相性がいい相手

友だち以上恋人未マン
⇒いつもいい人どまりで、恋愛に進展しない男性。

♥ このタイプの人にありがちな背景、環境、過去

自身も親も高学歴な分、相手にも教養を求める。プライドが高い。自分がどうしたいのかを考えることがないまま、親の言いなりになって育ってきた。

好都合女子

既読が
つかない…

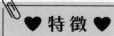

♥ 特徴 ♥

いつもマッチングアプリで遊ばれて、相手が音信不通になる女性。ひとり言が多い。あまり自分の意思がない。待つことが愛情だと勘違いしている。

♥ 職業、生息地

待ち合わせのラブホテル、カフェ

♥ 口グセ

「既読がつかない…」

「多分、なんか事情があると思うし…」

「いま何しているのかな…」

「待ちくたびれちゃった…」

「ヒマだなぁ」

♥ 陥りがちな症状

同性に嫌われる、セックス依存気味。ひたすら待ち続けて一日が終わる。相手の都合のいいときだけ呼び出されて、楽しければそれでもいいと思ってしまう。

♥ 喜ばせポイント

「モテるなぁ」「セクシーだね」「恋多き女だね」などの言葉に弱い。
「尽くすタイプだね」「忍耐力があるね」という言葉には変な自信を持ち、
待つ姿勢に拍車がかかる。

♥ 禁句

「つまらない…」と言われて落ち込むか、イライラして物に八つ当たり
をする。
「え!? 待ってたの?」という言葉には、とてもキズつき気持ちが沈む。

♥ 恋愛がうまくいくアドバイス

もっと自分を大事にしましょう。本当に好きなこと、楽しいことを思
い出してみて。待っている時間を、自分を磨くなど、ほかのことに有効
活用することがおすすめです。趣味をつくって、共通の話ができる人
とうまくいくかもしれません。映画を観て感情を揺さぶられることも
効果的。

♥ 相性がいい相手

バリアおじさん
⇒素の自分を出すのに、とても時間がかかる中年独身男性。

♥ このタイプの人にありがちな背景、環境、過去

20代までに恋愛をしていない。リアルな知り合いが少ない。
食生活など基本的なことをおろそかにして育ってきたことが、いまも
改善されていない。学生時代に仲間はずれにされたことがあり、友だ
ちがいない。趣味がない。

イノシシ女子

♥ 特 徴 ♥

結婚に焦ってまわりが見えなくなり、余裕がない女性。
ちょっとした怪我が絶えない。何かに夢中になると生活がおろそかになる。

結 婚

わたしと
結婚してくれるー!?

ドドド…

♥ 職業、生息地

結婚相談所
コンパ
結婚式の3次会

♥ ログセ

「わたしと結婚してくれる!?」
「どこかにいい人いませんかー!?」

♥ 陥りがちな症状

婚活疲労症候群。燃え尽きる。まわりが見えていないので、じつはチャンスがあっても気づかない。ひとつのことに突き進む勢いにまわりが引く。

♥ 喜ばせポイント

「家庭的だね」「明るい人だね」という言葉にあからさまに喜ぶ。
「パワーあるね」「すごいね」という言葉に弱い。

♥ 禁句

「焦りすぎ」「まだ結婚してないの?」などと言われると、途端にしょんぼりしてしまいそう。
「まわりをよく見て」という言葉は、もはや耳に入らない。

♥ 恋愛がうまくいくアドバイス

結婚を焦りすぎている女性は、男性から引かれてしまいますよ。
落ち着いて、深呼吸しましょう。本来の包容力を活かしていい人と出会えれば、子だくさんも夢ではないかも。まわりの景色を眺める余裕を持つと、小さなしあわせがたくさん見つかるでしょう。

♥ 相性がいい相手

優柔不男
⇒恋愛経験が少なく、デートの場所を決めれないような優柔不断な男性。

♥ このタイプの人にありがちな背景、環境、過去

親に結婚しろとやいやい言われている。寿退社をしたい。友だちやきょうだいが次々結婚。目的に向かう勢いはあるが、急に疲れてしまうこともある。いつもバタバタしていて落ち着かないので、まわりからは引かれてしまいやすい。
食事の栄養バランスが偏りがちで、早食い傾向にある。

隠れ婚活女子

♥ 特 徴 ♥

マッチングアプリに後ろ姿だけしか出さないけれど、選ばれたい女性。相手の顔はわからないと嫌。か弱そうに見えて結構強欲。

知り合いに見つかったら嫌なんで……

♥ 職業、生息地

マッチングアプリ

コールセンターのオペレーター

♥ ログセ

「知り合いに見つかったら嫌なんで…」

「内緒です」

「知りません」

「お待ちください」

♥ 陥りがちな症状

文章・バーチャルだけで恋愛してしまう。自分がどう思われるか人目を気にして、何をするにも考えすぎてしまう。相手の声や話し方から、どんな人か妄想して楽しむ。実際に会うには勇気が出ない。

♥ 喜ばせポイント

ペットや趣味をほめる。「容姿がいいから、顔も出せばいいのに」と言われると、喜ぶけれど顔は出さない。
「いい声だね」というひと言は、素直に喜び、受け入れる。

♥ 禁句

「お前、アプリに載ってたな、必死か」と言われると、プライドがキズつき逆恨みする可能性も。「見たよ」などの軽いひと言でも、心のシャッターを閉じてしまう。

♥ 恋愛がうまくいくアドバイス

あなたがどんな女性かわかるように、勇気を出してプロフィールを載せるなど、SNSをもっと充実させましょう。きっと、あなたのことを気にかけてくれる人がいますよ。まずは、自分を知ってもらうことがはじめの一歩。気になる相手に、聞いてみたいことを質問してみるのもいいですね。意外な共通点が見つかって話が進むかも。

♥ 相性がいい相手

一桁フォロワー男子
⇒SNSのフォロワーが一桁。自分を極端に表現できない男性。

♥ このタイプの人にありがちな背景、環境、過去

過去の彼や旦那さんに大切にされていない。性的に満たされていない。親からの愛情が薄く、欠点を指摘されて育った。人気者で目立つ人に憧れているが、自分とは違う人種だと思っている。学校でも職場でも影が薄い存在。太りたくなくて栄養失調。コロナ以前から、顔を隠すためと喉のケアに、マスクを愛用。

鉄ガード女子

♥ 特 徴 ♥

初対面の男性に遊ばれないか、やたら警戒しすぎる女性。自分をキズつけられないように、相手を疑いガードする。とくに初対面の人には警戒心が強くなり、近寄りがたい印象を与えてしまう。

♥ 職業、生息地

経理、市役所
教師

♥ ログセ

「わたし軽い女じゃないんで」
「なに企んでるんですか？」
「どこ見てるんですか？」
「簡単には落ちませんよ」

わたし、軽い女じゃないんで

鉄　貞操観念

♥ 陥りがちな症状

トラウマ女子の合併症。

男性を警戒しすぎるあまり近寄りがたい印象を与え、結果的に誰も寄ってこない。

基本的に思い込みが激しく、被害者意識が強い。過去に傷ついた経験が忘れられず、相手に対して心を開くのにかなり時間がかかる。

♥ 喜ばせポイント

「常識があるね」「育ちがいいね」という言葉には機嫌がよくなり、親切にしてくれる。

「頼りになりそう」と言われると、ひと肌脱いで助けてくれることも。

「頭の回転が速そうだね」のひと言に喜ぶ。

♥ 禁句

「モテないでしょ？」などと言われると、自尊心がキズつき肩を落とす。

「それ、間違っているよ」という指摘には、「そんなはずはない」と慌てふためきプライドを守ろうとして逆ギレ。

「お固そうですね」のひと言には、密かに落ち込む。

♥ 恋愛がうまくいくアドバイス

相手の条件がわかる男性とのお見合いなら安心できるので、あなたにはおすすめです。相手に興味を持って質問することや、自分の趣味や得意なことなども話してみましょう。少しずつ打ち解けて、お互いのいいところが見えてきますよ。

肩の力を抜いてリラックス。楽しい時間を味わってみてください。

♥ 相性がいい相手

ちんもくん

⇒女性との会話が続かない、沈黙にビビっている男性。
　プライドが高く、いじられたくないタイプ。

♥ このタイプの人にありがちな背景、環境、過去

厳しい家で育つ。友だちにかわいい子が多い。過去の栄光がある。自分の価値を落としたくないので、いざ一線を越えそうなときは、がっちりガード。男性からキズつくことを言われたトラウマが忘れられない。

完熟婦人

♥ 特徴 ♥

もっといい男性と出会えると思い続けて、年齢をとってしまった女性。いつか運命の出会いが訪れると、いまでも信じている。

そろそろ
イイ人と出会えるかな ♪

♥ 職業、生息地

マスターが優しいバー、創業セミナー
コーラスのサークル

♥ ログセ

「そろそろ、イイ人と出会えるかな」
「韓流スターみたいな人と恋に落ちたらどうしよう♡」
「キュンとしちゃうわ！」

♥ 陥りがちな症状

セミナー講師を好きになる。いくつになっても夢を見続けていて、まわりからはイタい人に見られてしまう。セミナーを受けることや本を読むことは好きだけれど、それだけで満足してしまい、そのあとに活かされていない。

♥ 喜ばせポイント

「やっぱり大人だよね」

「見た目より5歳は若く見えるよ」「肌がきれい」という言葉は、最大級のほめ言葉。

「その服、似合うね」など、容姿をほめられると機嫌がよくなる。

♥ 禁句

「考えが浅いね」と安易に言うと、バカにされたと思って逆ギレするかも。

「そろそろ目を覚ましたら?」というひと言にはとてもキズつき、生きる気力をなくしてしまいそう。

♥ 恋愛がうまくいくアドバイス

男性に都合よく扱われてしまうので、大切にしてくれるパートナーをちゃんと探しましょう。男性と会うときは、家庭的な雰囲気を意識してみるといいかも。清潔感を大事にすると好感度アップ。

♥ 相性がいい相手

能書キング

⇒カッコつけて、自分の仕事のことや知識ばかり言いたがる独身男性。理系に多い。

エセジョブズ

⇒スティーブ・ジョブズをマネして、カッコつけてしゃべる男性。

♥ このタイプの人にありがちな背景、環境、過去

韓国映画や韓国ドラマが好き。韓流スターにハマっている。恋に恋しているタイプ。aikoやあいみょんが好き。流行りの料理本や自己啓発本を読んで満足している。憧れている世界と現実があまりにも違いすぎることに、気がついていない。スナック菓子が映画やドラマのお供。

コロナで焦り姫

コロナ前

ひとりって

気楽よね〜

ボリ
ボリ

コロナ後

婚活、急がなきゃーっ

♥ 特徴 ♥

コロナ自粛でひとりに不安を感じ、焦って婚活を始めた女性。ロンリーコロナ現象。ニュースや噂に流されやすい。
男性と付き合うまでは尽くすけれど、付き合ってからは安心感から適当な扱いになりがち。
釣った魚に餌をやらないタイプ。

♥ 職業、生息地

オンライン婚活パーティー
マッチングアプリ
居酒屋

♥ ログセ

「婚活、急がなきゃーっ!!」
「のんびりしているヒマはないわ」
「面倒くさい」
「美味しいものを食べているときが一番しあわせ」

♥ 陥りがちな症状

焦りすぎてダメンズを選び、結婚後に後悔。

基本的に出不精で、ダラダラした生活を送っている。
いざ付き合うと態度が急変し、自分本位になり相手に逃げられる。

♥ 喜ばせポイント

おはよう、おやすみLINEにはキュンとするタイプ。
食べ物のお土産を喜ぶ。
「美味しいものを食べに行こうか」と言われると、テンションが上がり
ノリノリに。

♥ 禁句

「さみしい女だな」「だらしないね」などの言葉には、「ほっといてよ!」
と逆ギレしそう。
「コロナ太り?」と言われて、見ないふりをしていた現実を突きつけられ、
ショックを受ける。

♥ 恋愛がうまくいくアドバイス

自分の生活を見直すことで、気持ちに余裕が生まれそう。慌ててもい
いことがないので、大丈夫だと信じて、いまできることをコツコツ積
み重ねていくことが大切です。
掃除、洗濯など、基本的なことをしっかり行い、規則正しい生活を身に
つけることで、いい縁が近づくかも。付き合ったあとも相手を思いやり、
大切にしてあげてくださいね。

♥ 相性がいい相手

オンラインジゴロ
⇒マッチングアプリにめっぽう強い男性。イケメン、身体目的の遊び人。

♥ このタイプの人にありがちな背景、環境、過去

テレビのワイドショーやニュースを見過ぎる傾向にある。
まわりに友だちが少ない。
ひとり暮らしが長い。
幼少期に親からあまり手をかけてもらえなかった。生活リズムがルーズ
な家庭で育った可能性が高い。太り気味で基本的に動くのが面倒くさい。

腐美魔女

20代の頃は
男なんて選び放題
でさぁ…

♥ 特 徴 ♥

昔モテた経験あり。アラフォーになっても年下好き。
最後はうまくいかない女性。モテると思って髪をかきあげるのが
クセ。

♥ 職業、生息地

大人のディスコ、TikTok、Instagram、週末のバー
歯科医院の受付

♥ ログセ

「20代の頃は男なんて選び放題でさぁ」
「あぁ、あの頃に戻りたい」
「イケてる〜!」

♥ 陥りがちな症状

痩せすぎ、整形、加工SNS。週末は、声をかけられるのを待ってひとり
飲み。
生活が適当で、食事のバランスが悪い。

♥ 喜ばせポイント

「え、○歳なの？　見えないよ」「スタイルいいね!」など、容姿をほめると上機嫌になっておごってくれるかも。

「若さを保つために何かしているの?」と聞いてあげると、次に会ったときも優しくしてくれる。

♥ 禁句

「無理すんなよ」のひと言には、「無理なんてしていないわよ!」と逆ギレする。

「昭和のにおいがする」「古っ!」「プッツンおばさん」など、年齢を感じさせる言葉には敏感。鋭い目つきでジロリとにらまれそう。

♥ 恋愛がうまくいくアドバイス

いつまでも若さを求めていないで、年齢を受け入れましょう。自分の個性を重視するといいですよ。年相応のよさがあるものです。見た目だけでなく内面を磨くことも大切に。

ヨガや料理など、健康的な生活を心がけると、より魅力がアップしてモテ期再来の予感。

♥ 相性がいい相手

メッキ坊や
⇒ 2、3回目のデートで女性にフラレ続ける男性。

♥ このタイプの人にありがちな背景、環境、過去

ミスコンでファイナリスト経験あり。ジュリアナ経験あり。バブルが忘れられない。ノリの軽さに違和感がある。タイトな服装が好み。常にお立ち台に立っていたいタイプ。

親が厳しく、反抗期に家出をした経験がある。

優しくされると、甘えて弱音を吐いてくる一面も。意外と涙もろい。

恋のお悩みＱ＆Ａ　〜女性編〜

> 恋愛や婚活がちょっぴり苦手な女性たちから寄せられる質問に、お答えします。

Q：日常で、男性と出会う機会がありません。どうしたらいいでしょうか？

　A：「職場は仕事をする場所」「ジムは運動する場所」と出会いの場を制限せず、日頃から柔軟に男性と接しましょう。

Q：なかなか「いいな」と思える男性と出会えません…。

　A：「結婚相手ならどうか？」「パパになったらどうか？」と、恋愛対象以外の視点でも男性を見てみましょう。

Q：出会いのチャンスを逃さないように、心がけたほうがいいことはありますか？

　A：いつどこで男性と出会ってもいいように、まずは、メイク・服装・下着などの身だしなみを整え、部屋をきれいにすることを心がけましょう。

Q：自信がなくて、出会いの場に行くことに尻込みしてしまいます…。

　A：見た目（髪型、メイク、服の雰囲気など）を変えると、女性は気分が明るくなり、自信もついてきますよ。

Q：初対面の男性と、どんな話をしたらいいでしょうか？

　A：まずは、男性心理を学びましょう。ネットや本で男性心理を

把握して、恋愛を意識せず男性と関わってみることから始め
てみてください。

Q：人と深いお付き合いをするのが苦手で、「怖い」と思ってしまい
　　ます。
　A：自分の弱さをさらけ出す勇気を出してみましょう。男性にい
　　ろいろ相談して、頼ってみることもおすすめです。

Q：彼となかなか結婚の話になりません…。
　A：「何歳までに結婚して子どもを産みたい」など自分の人生設
　　計を考えて、相手に話してみましょう。それでもダメなら、新
　　しい出会いの優先順位を上げることも必要かもしれません。

Q：まわりに女性ばかりで、男性の知り合いがまったくいません…。
　A：友人関係から始まる恋愛もあるので、まずは男性の友だちを
　　増やしましょう。
　　交流会や趣味の集まりなど、男性がいる場所にひとりで出か
　　けてみるのもおすすめです。

Q：彼ができると、まわりが見えなくなってしまいます。
　A：一度、冷却期間をおくことが大切です。彼と会っていないとき、
　　彼のことを考えないくらい自分が打ち込める趣味を見つけま
　　しょう。また、彼以外の男性に、たくさんほめてもらうのもお
　　すすめです。

Q：関係性が曖昧なまま、お付き合いがズルズル続いています。
　A：思いきって、相手に自分たちの関係について尋ねてみましょう。
　　自分の将来のために、「ハッキリしないなら会えない」と伝え
　　ることも大切ですよ。

甲殻類系熟女

♥ 特 徴 ♥

素の自分を出すのに、とても時間がかかる中年女性。軽いジョークを聞き流せない。相手に対するチェックが厳しく、打ち解けるまでに時間がかかるタイプ。

♥ 職業、生息地

カフェ経営
ブティック経営
骨董市

♥ ログセ

「ちょっと待って!」
「服を脱ぐなんて…」
「年代を重ねたよさがあるわね」
「アンティークって落ち着くわ」

♥ 陥りがちな症状

加齢性アンティーク症候群。
やたらと服を重ね着することでオシャレだと勘違いし、安心している。
重度の肩こり、腰痛持ち。突っ込まれたくなくて、自分のことをあまり話さない。

ちょっと
待って!!

♥ 喜ばせポイント

世界観や感性をほめる。
ちょっとズレているけれど、自信を持っているファッションセンスを、
「センスいいね」「オシャレ」とほめられると喜ぶ。

♥ 禁句

下ネタ。
「太りました?」「湿布くさい」の言葉に、自分の年齢を感じざるを得ず
落ち込む。
「時代遅れ」というひと言には深くキズつき、一気に機嫌が悪くなる。
「変な服装」と言われると、ファッションに対する自論を語り反撃する。

♥ 恋愛がうまくいくアドバイス

自分に合った出会いで、大人の恋をしましょう。
本人が特定できて安心なFacebookで出会ってみてはどうでしょうか?
中高年向けのマッチングサイトに登録してみるのもいいかも。勇気を
出して、いままで知らなかった世界に一歩踏み込んでみると、視野が
広がりそう。
お見合いなど仲介役に入ってもらうのも、話が進みやすいのでおすす
めです。

♥ 相性がいい相手

夢見る夢次郎
⇒職場でもプライベートでも女性と関わりがなく、ただ待ち続けてい
　る中年独身男性。

♥ このタイプの人にありがちな背景、環境、過去

高齢男性のいる職場で働く。恋愛経験が少ない。ちょっと太っている。
ランチはおそば屋さんなどでひとりで済ませる。生活疲れが表に出やす
すい。子どもの頃に、ちょっと変わった性格をからかわれたことがある。
こだわりが強いため気の合う友だちが少なく、いつも2、3人で遊ん
でいた。

秒速惚れ惚れ女子

最近、彼が
冷たいんです…

♥ 特 徴 ♥

とても惚れやすく、
いつも冷められて
しまう女性。
気持ちがコロコロ
変わり、自分でも
誰が好きなのかわ
からなくなる。

♥ 職業、生息地

会社のロッカールーム
オープンカフェ
公園

♥ ログセ

「最近、彼が冷たいんです」
「ラッキーカラーの服を着ていたのに…」
「今日の運勢は何位かな」
「あの人いいな」
「好きかも…」

♥ 陥りがちな症状

不倫、バーゲン女子と合併症の恐れ。
二股をかけられる。

気がつくと小花柄やフリルの服ばかり選んで、まわりから引かれている。

♥ 喜ばせポイント

「好きです」なんて言われたらイチコロ。
「かわいい」というひと言には機嫌がよくなり、おしゃべりになりそう。
「癒されそう」と言われると、優しくしてくれる。

♥ 禁句

「軽いね」「騙されやすそう」という言葉には、「大丈夫。わたしはいつも本気よ」と開き直る。
「自分で決めなよ」「あなたはどう思うの?」と言われると責められたような気持ちになり、だんまりを決め込む。

♥ 恋愛がうまくいくアドバイス

納得いくまで恋をしたらいいでしょう。相手のいいところも悪いところも受け入れるつもりで、ひとりの人と向き合ってみると、新たな発見がありそう。あなたのいいところが開花するきっかけにもなりますよ。自分から相手を知る努力をすることが大切です。

♥ 相性がいい相手

ドリブル男子
⇒自分の話ばかりで会話のパスを回さない。ガツガツ系。

♥ このタイプの人にありがちな背景、環境、過去

イケメン好き。女性から嫌われている。朝の番組の占いや、雑誌の占いのチェックを欠かさない。子どもの頃、花びら占いで「スキ…キライ…スキ!」で終わるまで、花びらをちぎっていた。親が厳しく、言いなりになって育った。相手や情報に左右されすぎて、自分で意思決定することが苦手。

暗黒老後女子

♥ 特 徴 ♥

「結婚できない」と開き直っているけれど、老後が不安すぎる女性。仕事ばかりしていて、趣味がない。男性に対しては、かなりの奥手。

老後が不安すぎる…

♥ 職業、生息地

異業種交流会、夜中のスーパー
市民センターの受付

♥ ログセ

「老後が不安すぎる」
「あんたもわたしの年になったらわかるわ」
「いいことないかな…」

♥ 陥りがちな症状

うつ症状、睡眠障害。いつも不安で気持ちが安らぐときがない。無駄に保険をかけすぎている。
部屋が殺風景でさみしい印象。

044

♥ 喜ばせポイント

「一緒にいると安心する」「なんだか落ち着く」と言われると、ちょっと嬉しい。

「煮物とか上手そう」のひと言には、顔がほころび、優しくしてくれそう。

♥ 禁句

「女、捨ててるね」と言われてもどうしていいのかわからず、ただただショックを受ける。

「老後はどうするの?」「仕事ができても、将来ひとりはさみしいよ」という言葉に、不安をあおられ、「わかってるわよ!」と逆ギレする急変ぶりが、周囲を驚かせる。

♥ 恋愛がうまくいくアドバイス

男性に、女を捨てていると思われてしまうので、もうちょっと女性らしくしたほうがいいですね。どこに出会いがあるかはわかりませんよ。たまにはオシャレをして出かけてみましょう。目線が変わって気持ちが晴れるかも。手っ取り早くスカートを履いてみるのがおすすめ。

インテリアや服装に明るいカラーを取り入れてみると、気持ちも明るくなりますよ。かわいい雑貨やきれいな花を飾ってみるのもいいですね。

♥ 相性がいい相手

永久ピーターパン
⇒「大人になりたくない」を中年まで引きずっている男性。

♥ このタイプの人にありがちな背景、環境、過去

キャリアウーマン。自立していてひとりで稼げる。自営業に多い。いつも疲れているように見える。姿勢が悪い。猫背。子どもの頃、男子にからかわれた経験があり、いまでも男性に対して一歩引いてしまう。とくに声の大きな人とは、関わりたくないと思っている。ひとり静かに過ごしているのが落ち着く。

長すぎた春子

♥ 特徴 ♥

ひとりの男性と長く付き合って別れ、婚期を逃した女性。いつまでも付き合っていた人を忘れられず、次の恋に踏み出せない。男性不信。

♥ 職業、生息地

真面目な婚活アプリ
街コン
昔の彼と行った遊園地

♥ ログセ

「わたしの青春返して」
「あんなに尽くしたのに」
「男なんて…」
「あぁ、つまらないな」

♥ 陥りがちな症状

暗黒老後女子予備軍。すぐ泣く。
昔付き合っていた人を思い出しては、ふとさみしさがわいて、ひとり部屋でシクシク泣く。

わたしの青春返して…

男性からほめられると、疑ってかかる。

♥ 喜ばせポイント

「大切にされる女性だね」「一途だね」「尽くすタイプだね」などという
言葉には、わかってもらえた喜びを隠せず、途端に表情が明るくなる。
「きっと合う人がいるよ」と励まされると、希望がわいて嬉し泣き。

♥ 禁句

「キズもの」「賞味期限切れ」「婚期逃したね」「鈍感だね」などと言われ
ると心底落ち込むか、「ほっといてよ！」と逆ギレして大泣きしてしまう。

♥ 恋愛がうまくいくアドバイス

本来はひとりの男性に大切にされる女性なので、慎重に男性を選べば
大丈夫ですよ。
自分の気持ちを伝えること、相手の気持ちを聞いてみることを大切に
すると、気持ちのズレを埋めることができ、結婚の二文字が見えてき
そう。

♥ 相性がいい相手

ザ・お見合い男
⇒丁寧な切り出し方しかできない。
　プライドが高く、恥ずかしがり屋。場づくりができない男性。

♥ このタイプの人にありがちな背景、環境、過去

大学時代に初めてできた彼氏と長く付き合う。
付き合いが長くなると気持ちが麻痺して、相手のことを好きなのかわ
からなくなる。その結果、別れを切り出され結婚までたどり着けない。
親やきょうだいも離婚歴がある場合が多い。

過謙虚ちゃん

♥ 特 徴 ♥

かわいいのに自己肯定感が低すぎる女性。じつはモテるけれど、謙虚すぎて引かれてしまう。

ほめられると異常なまでに謙遜する。男性が寄ってくると、自信のなさから引いてしまう。

♥ 職業、生息地

お花屋の販売員
カフェ
水族館、動物園、公園

♥ ログセ

「わたしなんか…」
「わたしにはもったいない」
「わたしはいいよ…」
「遠慮しておく」
「どうぞどうぞ」

♥ 陥りがちな症状

まわりは恋人に進展しない男性だらけ。

自己否定グセやいつも遠慮することから、誘いの機会があっても、まわりが声をかけにくくなってしまう。

♥ 喜ばせポイント

性格や振る舞いをほめる。
「清潔感があるね」「自信を持っていいんじゃない？」という言葉には、
自己肯定感が少し上がり嬉しくなる。

♥ 禁句

「病んでるでしょ」「性格暗いね」と言われると、気にしてどんどん落
ち込んでしまう。
「かわい子ぶってるの？」のひと言で、子どもの頃に友だちからひがま
れた記憶がよみがえり、ショックを受ける。

♥ 恋愛がうまくいくアドバイス

暗い印象に見えてしまうので、自己表現のためにTikTokをやってみ
たらどうでしょう？　かわいいし絶対にファンができますよ！
きっと自信につながるので、まずは気軽に楽しむつもりでトライして
みてください。
自分が楽しいと思えることを増やしていくことで、現実が動いていく
でしょう。男性と一緒に楽しめることをイメージすることがポイント
です。

♥ 相性がいい相手

エセジョブズ
⇒スティーブ・ジョブズをマネて、カッコつけてしゃべる男性。

♥ このタイプの人にありがちな背景、環境、過去

姉がかわいい（姉妹コンプレックス）。仲のいい友だちがかわいい。
子どもの頃にかわいいことをひがまれて、自己否定することで自分を
守ってきた。
親が高学歴で割と厳しい。小中学生時代は、お花係や生き物係をして
いて、人と関わるより小さな生き物と過ごすほうが落ち着く。

リベロ女子

えぇ！
あなたの
言うとおりよ!!

♥ 特 徴 ♥

いつも受け手の女性。言いなりになるのが当たり前。
バレーボールでレシーブ専門（リベロ）の例え。
男性から都合のいいように付き合わされて、結局見捨てられて長続きしないタイプ。

♥ 職業、生息地

多岐にわたる、全世界に生息
図書館の受付案内

♥ ログセ

「えぇ！ あなたの言うとおりよ!!」
「帰ってきてくれたらいいの」
「好きだからそれでいいの！」
「待つのは得意よ」

♥ 陥りがちな症状

相手の言いなりになって喜ばせようとするが、結局、ストレスがたまって爆発。発言しているように見えて、相手の言葉をくり返しているだけ。自律神経失調症の一歩手前。否定されることが怖くて、自分の意見を言えない。

♥ 喜ばせポイント

「君がいないとダメだよ」「君の応援が必要なんだ」。
「賛成してくれて嬉しいよ」と言われると目が輝く。

♥ 禁句

「自分の意見はないの?」「何を考えているのかわからない」。
「それ、さっき聞いた」「本当にそう思っているの?」と言われると、追いつめられたような気持ちになり、思考が停止する。

♥ 恋愛がうまくいくアドバイス

男に尽くすのはいいけれど、お金を貸すのはダメですよ。少しずつでいいから、思ったことを伝える努力をしましょう。あなたの気持ちを聞いて、ちゃんと向き合ってくれる人がいるはずです。

まずは、自分がどう思うのか自分で感じること。そのうえで、相手に思ったことを伝えるようにすると、相手にも「ちゃんと考えてくれているんだ」と伝わり、信頼関係が生まれます。

♥ 相性がいい相手

ロンパ男子
⇒論破が美徳の男性。

♥ このタイプの人にありがちな背景、環境、過去

毒親を持つケースが多い。親がよくしゃべる。でしゃばる。のびのび育っていない。

発言したことに激しく否定された経験がある。自己肯定感が低い。姉思いの優しい妹がいる。いつも妹に励まされてきた。

バンジージャンプ女子

♥ 特徴 ♥

バンジーみたいに危険な恋愛を好む女子。危険を伴うドキドキ感を味わう自分に酔っている。束縛されることも、それほど嫌ではない。怖いもの知らずで、度胸はある。

♥ 職業、生息地

看護師
刺激の強い職場

♥ 口グセ

「スリルが好きなのーっ!!」
「恋は楽しむものよ」
「好きになったんだからしょうがない」
「快感!」

♥ 陥りがちな症状

裁判沙汰。注目されることからも刺激を受けられるので、危険なこと

を快感に感じるところがある。フットワークが軽いのはいいが、あと先考えずにノリで物事を決めてしまう。そのため、自分で責任を負えずに、まわりが被害を受けることになる。

♥ 喜ばせポイント

「小悪魔だね」「謎が多いね」「危険なにおいがする」などという言葉は、軽いノリで単純に喜んでしまう。

♥ 禁句

「どうしようもないな」「案外、普通だね」「それのどこがいいの?」というひと言には、バカにされたと思って、プライドがキズつき逆ギレするかも。

♥ 恋愛がうまくいくアドバイス

このタイプの人はアドバイスを聞きません。好きにすればいいけれど、他人には迷惑をかけないようにしてくださいね。ときには、大切な人たちの顔も思い出してみてください。

♥ 相性がいい相手

モンスター彼氏
⇒あおり運転をするような男性。

♥ このタイプの人にありがちな背景、環境、過去

留学やバックパッカーを経験している。運動部出身、体育会系の女性が多い。アクティブ。
刺激を受けるためなら、大抵のことができてしまう。例えば、英語を勉強していなくても、海外に行ってしまったなど。

スカイダイビング女子

♥ 特徴 ♥

バンジージャンプ女子より、さらに危険な恋愛を好む女子。
刺激を受けるためならなんでもする。

♥ 職業、生息地

バックパッカー
シェアハウス
海外
路上

♥ ログセ

「この恋で死んでもいい」
「この刺激がたまらない」
「この一瞬にすべてを賭けるわ」

死んでもいいわー！

かなり危険な男

♥ 陥りがちな症状

傷害事件に巻き込まれる。誰の言葉も耳に入らない。行動が大胆で目立つ。もはや感覚がズレているので、物事の善し悪しの境界線がわからない。

♥ 喜ばせポイント

「ぶっ飛んでるな」「めちゃくちゃ自由だね」
「マネできない」これらの言葉をほめ言葉だと受け取り、自信満々に「そうでしょ!」と返す。

♥ 禁句

「通報するよ」「犯罪レベル」「捕まるよ」などと言われても、意味がわからず「なんで!?」と逆ギレ。

♥ 恋愛がうまくいくアドバイス

アドバイスは聞かないタイプなので、何も言いません。
命だけは大切に。法律は守ってくださいね。

♥ 相性がいい相手

モンスター彼氏
⇒あおり運転をするような男性。

♥ このタイプの人にありがちな背景、環境、過去

まず、親がぶっ飛んでおり、きょうだいも大抵ぶっ飛んでいる。どこか線が切れた人が多い。

タトゥーを好む。へそピアスをしている。最初に付き合った男性の頭がおかしいこと多数。

ヒッチハイクで海外を旅した経験あり。複雑な家庭環境で育った。

マヨネーズ女子

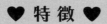
誰とでも性格が合うの♡

♥ 特 徴 ♥

野菜やフライ、どんな料理に
も合い、その料理の味も邪魔
しないマヨネーズ。
モテる女性の例え。裏表がな
く、誰にでも優しく上手に付
き合うことができる。

♥ 職業、生息地

福祉系の団体、社団法人

♥ ログセ

「わたし、付き合う相手のタイプが毎回違うの」
「誰とでも性格が合うの」
「みんないい人なんだよね〜」

♥ 陥りがちな症状

ひとりを選べない。取り合いされる。みんなに優しいので、複数の男性
が「俺のことを好きだ」と思い込み、トラブルになることがある。

♥ 喜ばせポイント

素直にほめるのが◎。

「誰とでも仲よくできそう」「いい奥さんになれそう」「みんなから好かれているね」「裏表がなさそう」などと言われて、「そんなにほめられていいのかな〜。でも嬉しい」と素直に喜ぶ。

♥ 禁句

「八方美人だね」「嫌われたくないんでしょ」などという言葉には、深くキズつき落ち込んでしまう。

♥ 恋愛がうまくいくアドバイス

誰にでもいい顔をして、ストレスをためないように注意してください。
本当に好きではない人にまで優しくしすぎると、相手が勘違いして結果的にキズつけることになってしまうかも。

♥ 相性がいい相手

すべての男子。

♥ このタイプの人にありがちな背景、環境、過去

育ちがいい。親がのびのび個性を育てた。よくできたきょうだいがいる。
家族の会話が多く、仲がいい。
好奇心旺盛で、楽しそうだと思ったことは、ひとまずやってみる。
自分がいいと思ったことは、人にも教えてあげるので、男女問わず、信頼できる友だちが多い。

ダメ男好き女子

♥ 特 徴 ♥

あんな男のどこがいいの？　と言われても
ハマる女性のこと。
「おもしろいから」と、ダメ男にほど尽くし
たくなってしまう。

♥ 職業、生息地

女性管理職
店長
女芸人
アーティスト

わたしにしか
わからないわ♡

♥ 口グセ

「反対しないで」

「この人のよさはわたしにしかわからない」

「わたしだけはあなたの味方よ」

♥ 陥りがちな症状

貢ぐ。いつも付き合う男性に対して、まわりからは反対意見ばかり。親
友や家族からは、「次に付き合う男は、わたしが決める」と言われてし

まう。たとえ相手が世間的にズレていても、「自分にはないものを持っている…」と、魅力的に見えてしまう。

♥ 喜ばせポイント

「意外と家庭的なんだね」「尽くすタイプだね」「母性がある」と頼りにされると、嬉しくなってどこまでも尽くしてしまう。

♥ 禁句

「いますぐ別れよう」と言われると、ショックで立ち直れない。
「大丈夫？ やめたほうがいいよ」「見る目がなさすぎる」「もういいんじゃない？」という現実的な言葉には、「本当はわかっているわよ」と大号泣。

♥ 恋愛がうまくいくアドバイス

あなたは人の意見を聞きません。
かなり年上の人と付き合うことをおすすめします。
家族や親しい友人3人から同じことを言われたら、「そうなんだ」と受け入れること。そこから相手を選ぶ目が、少しずつ養われていくかもしれません。

♥ 相性がいい相手

キャパなしおじさん
⇒不器用で毎日に精一杯で、クタクタな中年独身男性。

♥ このタイプの人にありがちな背景、環境、過去

自分ができる人で、ある程度経済力がある。わたしがいないとダメだと思うことに、生きがいを感じる。愛情たっぷりに育てられて、誰のことも信じてしまう。人の可能性を信じるあまり、どれだけダメ男でも好きになったらハマってしまう恋愛を繰り返している。

婚活なめ子

婚活したら
すぐ結婚できるわ！

♥ 特 徴 ♥

とにかく婚活をなめている女性のこと。
すぐに結婚できると勘違いしているが、
実際に結婚できる気配はない。

♥ 職業、生息地

士業

薬剤師

資格取得魔

♥ 口グセ

「いざとなったら結婚相談所へ行くわ！」

「婚活したら、すぐ結婚できるわ！」

「いつでもいいけど…」

「まだいいか…」

♥ 陥りがちな症状

最終的に行き遅れる、残念熟女予備軍。

その気になればいつでも結婚できると勘違いしていて、いつまでたっ
ても独身。

♥ 喜ばせポイント

「君だったらいつでも結婚できるよ」
「結婚しているのかと思った」などという言葉を真に受けて、「そうよね」
と安易に喜ぶ。

♥ 禁句

「自分が思っているほど、女子力はないよ」「恋愛経験あるの?」「まだ
結婚できないの?」などと言われると、プライドがキズつけられ、自分
の意思で結婚していないのだと意地を張る。

♥ 恋愛がうまくいくアドバイス

結婚を真剣に考えている相手男性にも失礼なので、結婚するかしない
かどちらかに決めてください。自分が結婚したいのであれば、覚悟を
決めて相手を探す努力をしましょう。自分本位ではダメですよ。

♥ 相性がいい相手

ロンパ男子
⇒論破が美徳の男性。

♥ このタイプの人にありがちな背景、環境、過去

昔、モテた経験あり。ファッションセンスのある女性が多い。見た目が
きれい。
子どもの頃から苦労することなく育ち、学歴もそれなり。なんとなく
ここまで流れに乗ってこられたが、結婚に関してはそうはいかず、自
分の気持ちが決まっていないので、当然ひとり身。

イチかバチ子

♥ 特徴 ♥

一か八かの賭けに出る無謀な行為をする。ただし確率は低い。
もしチャンスをつかんだとしても、自分の中身が伴わずあえなく
終了。

・イケメン
・年収3000万
　以上
・経営者

この一択よーっ!!

♥ 職業、生息地

タワマンの飲み会
営業

♥ 口グセ

「この一択よ！」
「この一瞬に賭けるわ」
「ここが勝負よ」

♥ 陥りがちな症状

結婚後の後悔（嫁、姑問題）。行動が大胆で目立つため、まわりからは
引かれる。コツコツ積み重ねることが苦手で、なかなか結果に結びつ
かない。

❤ 喜ばせポイント

「社長をしております」と名乗り出た相手には、目を輝かせ口数が多くなる。

「君、庶民と違うね」というひと言には、機嫌がよくなりテンションが上がる。

「行動力があるね」と言われると、「それだけが取り柄です」と得意になる。

❤ 禁句

「場違いだね」と言われると、現実を突きつけられたような気持ちになり、激しく落ち込む。

「無理してない?」というひと言には、プライドがキズついてイライラモードに。

「まだそんなことしているの?」という言葉には、「ほっといてよ」と逆ギレ。

❤ 恋愛がうまくいくアドバイス

相手に求めることばかり考えて、自分の身の丈を知らないと、いつまでも結婚できません。

がんばりましょう。街コンやマッチングアプリなどで行動範囲を広げると、出会いも増えていきますよ。いろいろな人と出会うことで、自分に合う人がわかってくるかも。人の意見も聞いてみると、自分が気づかなかったことを知ることができ、新たな出会いが近づく可能性も。

❤ 相性がいい相手

ジャパニーズビジネスマン
⇒仕事優先を全面に出してくる男性。

❤ このタイプの人にありがちな背景、環境、過去

思春期に親の事業が失敗した経験があり、巻き返してやろうという気持ちを持っている。お金にコンプレックスあり。波のある人生を、自分で選んでいるようなところもある。家族のことを思うとパワーがわいてくる傾向大。

サンドバッグ女子

♥ 特　徴 ♥

殴られても別れない。
カッとなると暴力を振るう
男性が近寄って来やすい。

あの人、
わたしがいないと
ダメなの。

♥ 職業、生息地

文化住宅（集合住宅）
アパートの廊下
路地裏

♥ ログセ

「わたしがいないとダメなの」
「優しいときもあるの」
「普段はいい人なの」
「わかってあげたいの」

♥ 陥りがちな症状

警察沙汰となる。よくも悪くも痛みに強い。ひどいことをされる自分に、
どこか酔っている。
相手が図に乗ってどんどんエスカレートしてしまう。

♥ 喜ばせポイント

「僕に話してみて」という言葉に弱い。

「とことん尽くす人なんだね」と親身になって言われると、ジーンとして泣き出す。

♥ 禁句

「問題は君のほうにあるよ」というひと言には、思い当たるところもあり、かなり落ち込んでしまう。

「大丈夫？ 目を覚ましなよ」と言われると、現実を変えることが怖くて、何も言えなくなってしまいそう。

♥ 恋愛がうまくいくアドバイス

男性の暴力により手遅れになってしまうので、早く逃げてください。

そんなに我慢する必要はありません。

男性は星の数ほどいるのですから、ほかの人に目を向けて。

まずは、暴力的な男性とは、一刻も早く別れましょう。

♥ 相性がいい相手

トリートメント男子

⇒女性を優しく保護する男性。いかにも優しそうな男性。

♥ このタイプの人にありがちな背景、環境、過去

親に押さえつけられて育つ。父親がサムライ亭主。

高校時代、先輩に告白して付き合った経験あり。

我慢して尽くすことが使命だと思い込んでいる。ほとんど自分の意見を言うことがない。

ガソリン女子

♥ 特 徴 ♥

男性を暴力的にさせて
しまう女子。
なぜか付き合う男性が
いつもDV男。自分で
もなぜだかわからない。

イライラ…

プシューッ!!

男運わるいの、わたし…。

♥ 職業、生息地

お嬢さま
高級マンション

♥ 口グセ

「男運が悪いの」
「危険な香りが好き」
「あなたのためだと思って…」

♥ 陥りがちな症状

DV。じつは、見えないところにアザができている。気持ちをため込み

すぎて、吐き出せなくなってしまう。いよいよ吐き出すときは大爆発する。

♥ 喜ばせポイント

ひたすらチヤホヤされると、嬉しくなっていろいろ世話を焼いてくれる。「意外と大胆そう」という言葉には、意味もなく喜ぶ。

♥ 禁句

「自分に原因があるよ」というひと言に、逆ギレしてガソリンをまき散らす。
「ため込みすぎ」と言われて、どうしていいかわからず落ち込む。

♥ 恋愛がうまくいくアドバイス

何かものを言う前に、一回考えましょう。気持ちをため込みすぎて、どうしたらいいかわからなくなる前に、信頼できる友だちに相談してみるといいかも。自分では思いもよらない糸口が見つかりそう。お礼はちゃんと伝えてくださいね。

♥ 相性がいい相手

存在感なし男
⇒「あれ、いたの?」といつも思われる男性。
　いい人だけれど、おとなしめ。

♥ このタイプの人にありがちな背景、環境、過去

反抗期をこじらせている。酒癖が悪い。見た目は清楚。派手なものに憧れがある。親が厳しく、自分の意見を聞いてもらえなかった。友だちは少ないが、いまでも付き合いのある幼なじみがいる。本人の性格を知って、何度か助け舟を出してくれている。

古き良き子

♥ 特　徴 ♥

亭主に気をつかいすぎる。
相手の言うことを受け入れ
すぎてしまう。

ふつつか者なの。

♥ 職業、生息地

昭和の雰囲気漂う家庭（絶滅危惧種）
日本庭園
お茶会

♥ ログセ

「ふつつか者なの」
「わたしに至らないところがあったら言ってください」
「わたしが悪うございました」
「喜んで」

♥ 陥りがちな症状

ため込みすぎて爆発。
「実家に帰らせていただきます」と、淡々と荷物をまとめる。

♥ 喜ばせポイント

「良妻賢母だね」と言われて、「お上手ですこと」と返しつつ、じつは嬉しい。

「品がいいね」というひと言は、素直に喜び上機嫌になる。

♥ 禁句

「育ちが悪いね」という言葉に、家柄をけなされたと思ってキレる。

「お箸の持ち方が変だよ」「あれ？　正座は苦手？」などと言われると、愛想笑いで受け流すが、内心「そんなことはない」と不機嫌になる。

♥ 恋愛がうまくいくアドバイス

結婚生活は長いので、あんまり無理をなさらずに。素の自分を出す意識を持つと、自分もまわりもラクになりますよ。ときには、冗談のひとつも言ってみると、思わぬ一面に惚れ直されそう。自分が楽しむことで、相手と楽しい時間を共有できるようになるでしょう。

♥ 相性がいい相手

サムライ亭主

⇒絶滅危惧種の亭主関白。

♥ このタイプの人にありがちな背景、環境、過去

親の夫婦像を受け継いでいる。九州育ち。お嬢様学校に通っていた。

基本的に真面目なので、お堅く見えてしまいがち。

学生時代もルールをきちんと守る優等生だった。おっとりした友だちが多い。お茶やお花などの習いごとは、ひと通り経験している。

かかっていませんか？
恋愛生活習慣病　〜女性編〜

> あなたも知らないうちにかかっていませんか？　放っておくと、
> こわ〜い病。

1　妄想性美男子依存症
　　さわやかなイケメンばかりを好む、恋愛経験の少ない女性が
　　かかる疾患。

2　恋愛依存型自立障害
　　いつも重たくなって、男性に逃げられる病。

3　自虐性幸福願望失調症
　　ダメンズを好きになって、自分を犠牲にしてしまう症状。

4　記憶喪失型心的不感症
　　恋する気持ちを忘れてしまっている女性に起こりがち。

5　母性過剰性恋愛感情喪失
　　離婚して子どもがいる。子ども第一で、恋愛することを拒否
　　している女性がかかりやすい疾患。

6　幸福妄想型恋愛依存
　　恋愛している＝しあわせ。「恋愛していないとわたしじゃな
　　い」という恋愛依存女子がハマる依存症。

7 リア充型恋愛拒否症候群

やることがたくさんあり、毎日充実していて恋愛の優先順位が低い女性がかかりがちな習慣病。

8 責任転嫁性自己中症候群

婚活がうまくいかないと、男性や仲人のせいにして自分と向き合わない女性に多い病。

9 ブランド過信性視野欠損

相手男性の年収や車、ステータスばかりを基準に見ている、厄介な疾患。

10 オノヨーコ症候群

良家のお嬢様なのに、海外の人にばかり目が奪われる女性の習慣病。

11 正直性社会常識欠損症

第一印象が気に入らないと、ムスッと態度に出してしまう子どもじみた病。

12 慢性女子力欠損症

男性との初対面時に、地元のスーパーに行くような格好で来てしまう女性がかかる、慢性的な習慣病。

あなたの楽しい恋愛を応援しています。気をつけて、お大事に♪

冷戦ワイフ

パパに
言ってきて！

♥ 特 徴 ♥

中国とアメリカの
ような冷戦状態の
妻。冷戦夫婦の子
どもである、抑止力
キッズがいる。

♥ 職業、生息地

冷え切った家庭
公園

♥ ログセ

「うちの夫婦はソーシャルディスタンス」
「パパに言ってきて！」
「まったく役立たずなんだから！」
「ろくでなし」

♥ 陥りがちな症状

子どもやペットを通しての会話。
友だちに愚痴を聞いてもらうことが多いが、さすがに友だちも嫌気が
さして、距離を置きたくなってしまう。

♥ 喜ばせポイント

「夫婦みんなそれぞれだね」と言われると、肯定してもらえたような気になり、機嫌がよくなる。

♥ 禁句

「それだったら別れたらどう?」と言われると、「簡単に言わないでよ!」と逆ギレ。

「お互いさまなんじゃないの?」というひと言には、ブチギレして大暴れしそう。

♥ 恋愛がうまくいくアドバイス

いがみ合っているとお互いしんどいので、旦那さんとしてではなく友だちとして仲良くしてみたらどうですか? 相手のいいところを見る努力も大切ですよ。

♥ 相性がいい相手

半透明亭主
⇒酸素のような存在で、必要だけど存在感の薄い亭主。

♥ このタイプの人にありがちな背景、環境、過去

結婚記念日を忘れられたのが始まり。
教育ママに多く、子どもに執着心が強い。子どもは優秀。
子どもに複数の習い事をさせていて、送り迎えを自分がすべて行い、旦那さんが何もしないことも不満の種。

ドーセ系女子

どうせ…。

♥ 特徴 ♥

ネガティブで「どうせ」が
口癖。
根暗で不健康そうな印象
を与える。

♥ 職業、生息地

どこでも生息
OL、事務員

♥ 口グセ

「どうせ…」
「だって…」
「わたしなんて…」
「疲れるわ」

♥ 陥りがちな症状

じつは、恋愛への憧れが強くコロッとオチる。言い寄られると浮き足立っ
て、すぐに相手を好きになってしまう。いつもグチグチ不満を言って
いて、まわりの雰囲気を悪くする。

♥ 喜ばせポイント

「大丈夫、そのままでいいよ」と言われると、変な自信がついてしまう。

♥ 禁句

「あなたといると疲れる」という言葉に「どうせわたしは、そんな女よ」
と卑屈になる。
「サゲマンだね」というひと言には、ショックを隠せずいつも以上に暗
くなり、まわりに気をつかわせる。

♥ 恋愛がうまくいくアドバイス

友だちから始めてみるといいでしょう。気負わずラクな気持ちでおしゃ
べりすると、意外な共通点が見つかって話がはずむことも。
話題に困ったら好きな映画や本、趣味や食べ物など、オーソドックス
な質問をしてみては？「あなたのことを知りたい」という気持ちが伝
わって、和やかな雰囲気で楽しめそう。

♥ 相性がいい相手

エアクリーナー男子
⇒空気清浄機のように、場の空気をよくする男性。

♥ このタイプの人にありがちな背景、環境、過去

「どうせできないでしょ？」と親に言われて育つ。受験に失敗したこと
がある。部活を途中で辞めている。負け癖がついている。早生まれに
多い。「自分にはできない」と思い込んでいて、自己肯定感が低い。何
に対しても消極的。基本的に運動は苦手。

マウンティングクイーン

♥ 特 徴 ♥

上に立って女王気分の女子。常に誰かを見下している。威圧的。

つ、つらい…

めんどくさい…

♥ 職業、生息地

競争社会
朝会
にぎやかな居酒屋

♥ ログセ

「それ、知ってる！ 知ってる！」
「そんなことも知らないの？」
「なんでできないの？」

♥ 陥りがちな症状

孤立、行き遅れ。
あまりの勢いに、まわりから敬遠され、相手にされていない。

♥ 喜ばせポイント

「すごい、すごい!」と持ち上げると機嫌がよくなり、調子に乗って自慢話が始まる。

「さすがだね!」「君にはかなわないよ」などと言われると、満足して静かになる。

♥ 禁句

「それが、どうしたの?」というひと言には、バカにされたと思って逆ギレ。

「裸の王様みたいだね」。これを言われたら大変。激しく反論してきて、手がつけられなくなりそう。

♥ 恋愛がうまくいくアドバイス

マウントはとくに男性に嫌われます。自分ではなく相手に矢印を向けて、謙虚になりましょう。

競争していても疲れてしまいますよ。相手のいいところを見つけてほめてあげると、あなたのいいところも見つけてもらえます。

♥ 相性がいい相手

優柔不男

⇒恋愛経験が少なく、デートの場所を決められないような優柔不断な
　男性。

♥ このタイプの人にありがちな背景、環境、過去

男きょうだいがいる。男に競争心がある。クラスで2番、3番など勉強が中途半端にできる。ミスコンではファイナリスト経験あり。

学生時代に、勉強でも運動でも、どうしても勝てないライバルがいて、悔しい思いをしたことがある。

妄想セレブ

♥ 特 徴 ♥

自分はセレブだと勘違いしている人。内面が伴っていない。男性から敬遠されてしまう。

♥ 職業、生息地

質屋
ブランド品セール会場
リサイクルショップ

♥ 口グセ

「あたしはセレブ♪」
「お買い物は楽しいわ！」
「ブランド品に囲まれていなければ、死んでしまいそうよ」

♥ 陥りがちな症状

見栄を張って話を盛りすぎて、自爆する。ブランド品ばかりが増えて、家のなかが乱雑。生活が適当で、じつは清潔感がない。

♥ 喜ばせポイント

「みんな注目してるよ」「すごいね」「お高そうね」などという言葉にテンションが上がり、浮かれてしまう。

♥ 禁句

「あなた、それ似合っていませんよ」「ニセモノ?」などと言われると、プライドがキズつき拗ねる。

♥ 恋愛がうまくいくアドバイス

ストレートに指摘しますね。「わきまえましょう」。

ブランド品ばかりに夢中になる女性に、男性は「お金がかかりそう…」と引いてしまいますよ。

それよりも、人に優しくしたり思いやりを持つなど、内面を磨きましょう。

♥ 相性がいい相手

メッキ坊や

⇒ 2、3回目のデートで女性にフラれ続ける男性。

♥ このタイプの人にありがちな背景、環境、過去

お金持ちの多い地域に暮らし、友だちにもお金持ちが多い。血統のいい犬の飼い主同士のつながりがある。見栄を張った習い事での友だちがいる。

ブランド品を買っても、飽きるとすぐに売ってしまうなど、物を大切にしない傾向にある。

ゼロコーデ女子

♥ 特徴 ♥

コーディネートしない女性。アンチドレス症候群。
自分に対しても相手に対しても、ファッションにまったく興味がない。

いまのままの
わたしを見て

♥ 職業、生息地

コンビニ
スーパー
マンガ喫茶

♥ ログセ

「いまのままのわたしを見て」
「なんでもいい」
「ラクなのがいい」

♥ 陥りがちな症状

男から「ダサい女認定」される。女として見られない。衣類の毛玉に気がつかない。
髪の毛はとかさず、いつもボサボサ。全身柄物の服を着ていることがあるが、自分では気にしていない。

♥ 喜ばせポイント

「いまのままが一番だよ!」「いつも自然体だね」というひと言に、「わかってくれる人がいる」と嬉しくなる。

「すごいファッションセンスだね」という言葉は、決してほめ言葉ではないが、なんとなくほめられた気になる。

♥ 禁句

「連れて歩きたくないな」「女を捨ててるな」「ちょっと、離れて歩いてくれる?」これらの言葉には、さすがに少しキズつく。

「それ、寝巻?」という言葉にも、「そこまで変かな?」とちょっぴり落ち込む。

♥ 恋愛がうまくいくアドバイス

男性は思っている以上に外見を見ているので、見た目の印象には気をつけないともったいないですよ。好きな色を服に取り入れてみるなど、気分が上がることを意識してみて。楽しい気持ちになると表情も明るくなり、それだけで魅力的に見えるでしょう。

♥ 相性がいい相手

服ダサ男

⇒ヨレヨレの洋服を着ている。センスがなく、とにかくダサい。

♥ このタイプの人にありがちな背景、環境、過去

職場と家が近く、電車にあまり乗らず自転車で通う。ジャージのままでうろうろする。寮生活の経験あり。サンダルやボロボロになったスニーカーを何年も愛用している。

清楚さん

おはよう♡

♥ 特徴 ♥

川のせせらぎのごとく清楚な女性。誰に対しても愛想がよく、第一印象がバツグンにいい。

♥ 職業、生息地

書道教室

図書館

清潔感のある人気のカフェ

♥ 口グセ

「そうなんですね、とてもいいですね」

「まぁ、素敵！」

「そういうの、好きです」

♥ 陥りがちな症状

ひとりの男性と付き合いが長く、婚期が遅れる。タイプではない男性に言い寄られて、断れずに困ってしまうことがある。

♥ 喜ばせポイント

「すごく品がありますね」「上品ですね」「いい香りがする」という言葉に、素直に嬉しくなる。
「いい奥さんになれそう」というひと言には、とびきり喜び、鼻歌を歌い出すかも。

♥ 禁句

下ネタには、どう対応していいかわからず、その場から逃げ出したくなってしまいそう。
「お前」と呼ばれることはアウト。目を合わせなくなり、そ〜っと距離を置かれる。

♥ 恋愛がうまくいくアドバイス

たまには下ネタも言ってみましょう。
清楚なあなたが言う下ネタは、ギャップがあり、男性が虜になること間違いありません。もはや敵なし。軽いジャブから始めてみて。大丈夫、恥ずかしいのは最初だけです。

♥ 相性がいい相手

トリートメント男子
⇒女性を優しく保護する男性。いかにも優しそうな男性。

♥ このタイプの人にありがちな背景、環境、過去

親がのびのび個性を育てた。お嬢様学校に通っていた。家柄がいい。
両親だけでなく、祖父や祖母からもかわいがられて育った。

セクシー嬢

男はわたしの
ト・リ・コ♡

♥ 特 徴 ♥

峰不二子のような女性。
自分のスタイルを最大限
に活かして男性の目を惹
こうとする女性。

♥ 職業、生息地

夜の繁華街
カラオケBOX
ダーツバー
エステティシャン

♥ ログセ

「男はわたしのト・リ・コ♡」
「落としてみせるわ」
「狙った獲物は逃がさない」
「ウッフン♡」

♥ 陥りがちな症状

まわりにヤリモクが集まる。モテていると勘違いする。露出度が高す

ぎて、まわりの人が目のやり場に困る。下着の布面積が少ない。女性からは嫌われてしまう。

♥ 喜ばせポイント

努力していることなど、スタイル以外の面をほめると◎。
「肌がきれい」と言われると、気分が上がる。
「会話のセンスがいいね」というひと言に、嬉しくなってさらにトークが弾む。

♥ 禁句

スタイルの話ばかりすると、「ほかに話題はないの?」と機嫌が悪くなる。
「軽いね」「遊んでいそう」と言われて、「そんなことないわよ」と強がるが、内心キズつく。

♥ 恋愛がうまくいくアドバイス

男運がないようなら、派手な恰好をやめるのをおすすめします。どんなファッションが本当に自分に似合うか研究してみてください。露出しなくても、あなたの魅力が際立つファッションがきっと見つかります。そうすると、いくつになってもモテるでしょう。

♥ 相性がいい相手

ミスチューニング男子
⇒デート中に、女性の興味あることをひとつも聞けない男性。

♥ このタイプの人にありがちな背景、環境、過去

「セクシーだね」と言われてから目覚め、色気を重視。初体験が早い。
女性ホルモンが多く、胸が大きい。ムチムチしたスタイル。

さておき婚活女子

♥特徴♥

婚活はしているけれどほかのことに夢中。男性に興味はあっても、女友だちとエンジョイすることを優先して、結果的に行き遅れてしまう。

♥ 職業、生息地

旅行先

英会話教室

デパートの化粧品売り場

流行りのカフェやレストラン

♥ ログセ

「さておき、さておき!」

「次、どうする?」

「行こう! 行こう!」

♥ 陥りがちな症状

もっと早く真剣に婚活していればよかったと後悔するけれどすでに手遅れ。仲のよかった友だちは、みんなあっさり結婚し、一緒に出かける人がいなくなり、気がつけばおひとりさま。

♥ 喜ばせポイント

「充実してて、うらやましい!」「楽しそうだね」と言われると、「そうでしょ!」と得意になる。

♥ 禁句

「結婚しないとヤバイ年齢だよ」「将来のこと考えてる?」という言葉には、開き直り逆ギレする。

♥ 恋愛がうまくいくアドバイス

友だちからでもいいので男性ともっと出会う機会を増やしましょう。行き遅れますよ!

仕事や女友だちとの時間も大切ですが、結婚したいなら優先順位を考えて。

♥ 相性がいい相手

ひとりハンター

⇒気楽な場に本気で挑む、空気の読めない男性。

♥ このタイプの人にありがちな背景、環境、過去

友だちが多い。好奇心旺盛で多趣味。仕事もプライベートもとにかく忙しい。

フットワークが軽い。行動力がある。

ストマックアタッカー

♥ 特 徴 ♥

胃袋を攻撃して男子を射止める女性。味惑的な女性。男性好みの料理が得意。

今日
何が食べたい？

♥ 職業、生息地

料理教室
グルメツアー
美味しいと評判のお店
こだわりの食材や調理道具のお店

♥ ログセ

「今日、何が食べたい？」
「腕をふるうわ！」
「すぐつくるね！　ちょっと待ってて！」

♥ 陥りがちな症状

すぐ家に呼んで料理をふるまう。
身体の関係になり、結局遊ばれる。
料理と身体をあてにされて、普段は軽くあしらわれてしまいがち。

♥ 喜ばせポイント

「家庭的だね」というひと言には、はにかみながらも嬉しさを隠しきれない。

「美味しい!」「おかわり!」「味付けが絶妙!!」こうした言葉にとても喜び、また腕をふるってくれそう。

♥ 禁句

「味付けが合わないな」「口に合わないよ」などというひと言には、「せっかくつくったのに…」「何がよくなかったのかな…」と落ち込み、ウジウジ悩んでしまう。

「母親の飯のほうがうまい」。この言葉だけは絶対に禁句。立ち直れなくて会ってもらえなくなる。

♥ 恋愛がうまくいくアドバイス

食の趣味が合う人がいいですよ! 一緒に食べ歩きなどに出かけて、相手の好みをリサーチしましょう。マネして家で料理をふるまってあげたら、つかみはOK! あとは、普段から素直に気持ちを伝えることなどを心がけると、いい関係が築けそう。

♥ 相性がいい相手

ベニッシモ男子
⇒女性をほめまくる男性。ベニッシモ=イタリア語でベリーグッドの
　意味。

♥ このタイプの人にありがちな背景、環境、過去

おかあさんが料理上手。おかあさんから習い、味を受け継いでいる。子どもの頃から美味しいレストランなどにも連れて行ってもらっていて、舌が肥えている。

料理をすることも食べることも好きという、健康的なタイプ。

カワイ子ちゃん

＜がんばろ♡

♥ **特 徴** ♥

30年前の死語のカワイ子ちゃん。
男性に関心を持たれる愛嬌たっ
ぷりの女性。
明るく誰とでも仲良くなれる。

♥ 職業、生息地

社内
営業事務
男性が多い職場
カラオケBOX
公園

♥ 口グセ

「がんばろ♡」
「応援しているよ！」
「わたしがついているから！」
「それ、あなたのいいところ！」

♥ 陥りがちな症状

カラオケBOXで、80年代のアイドルのナンバーや、ジブリ映画の歌を

歌わせるとマイクを離さない。男性からはウケがいい。

同性（女性）に妬まれていじめにあう。

♥ 喜ばせポイント

「いつもありがとう」という言葉に、素直に喜ぶ。

ふとしたときに「君と一緒にいると元気が出るよ」などと言われると、嬉しくてジーンとしてしまう。

♥ 禁句

「八方美人だよね」「かわいこぶってるの？」などという言葉に、「そんなことないのに…」と深くキズつく。

♥ 恋愛がうまくいくアドバイス

あなたは、みんなに元気を与える存在です。いい男性とたくさん出会うといいでしょう。ただし、女性からのひがみには気をつけて！

持ち前の明るさで、気持ちを伝えることが得意です。ときには相談に乗ってもらうなど、弱みも隠さず見せると、さらに信頼関係が深まりますよ。

♥ 相性がいい相手

ちんもくん

⇒女性との会話が続かない、沈黙にビビっている男性。

　プライドが高く、いじられたくないタイプ。

♥ このタイプの人にありがちな背景、環境、過去

いい家庭に育つ。ジブリ映画が好き。両親から愛情たっぷりに育てられた。

カレ依存症候群

♥ 特徴 ♥

彼を軸に生活する女性。
彼の予定がわからない
と、自分の予定を決め
られない。

わたしは
カレ

カレは
わたし

♥ 職業、生息地

結婚に活かせる資格の学校
彼の職場近くの電柱の影

♥ 口グセ

「昨日、何してたの？」
「昨日、誰といたの？」
「わたしも一緒に連れて行ってよ」
「連絡してね」

♥ 陥りがちな症状

転職を繰り返す。恋愛中心で、相手と共依存に。彼に意見を求めてばか
りで、自分で何も決められない。彼の行動をすべて把握していないと
不安になるため、しつこくしすぎて別れを告げられるパターンが多い。

♥ 喜ばせポイント

「オレには君しかいない」。こんなひと言には、心の底から喜ぶ。
「オレのこと、何でも知っているんだね」と言われて、肯定されたよう
で嬉しくなる。

♥ 禁句

「一緒にいるとしんどいな」「しつこいよ」「ひとりにさせて」などとい
う言葉には、深くキズつき、ストーカーになってしまうかも。

♥ 恋愛がうまくいくアドバイス

依存していると、恋愛が長続きしませんよ。
自立して、もっと楽しめるものを見つけてください。
世の中には、彼以外の男性もたくさんいますし、楽しいことも山ほど
あります。自分の好きなことも大切にして、人としての魅力を磨きましょ
う。本当に気の合う人との出会いが近くなりますよ。

♥ 相性がいい相手

執事男子
⇒マメで洞察力のある男性。

♥ このタイプの人にありがちな背景、環境、過去

仕事を干されたことがある。パワハラを受けたことがある。
親からあまり愛情を受けて育っていない。鍵っ子経験あり。幼少期に
いじめられ、友だちが少ない。
昔付き合っていた彼に裏切られて、男性不信に陥ったことがある。

カミカノ

♥ 特 徴 ♥

神のような彼女。
非の打ち所がない女性。
いつもニコニコしていて、滅多
なことでは怒らない器の大き
な人。

♥ 職業、生息地

花屋さん
食堂
ヨガ教室

♥ ログセ

「尊敬してるよ！」
「すごいね！」
「応援してる！」
「あなたならできるよ！」

♥ 陥りがちな症状

ストーカー。まれに好きすぎて、まわりが見えなくなってしまうこと
がある。

疲れていても相手のことを思って、少し無理してしまう。

♥ 喜ばせポイント

「元気をもらえるよ」「君と一緒にいると、しあわせな気持ちになるよ」
というひと言に、しあわせを感じる。

♥ 禁句

「いい人ぶってるな」というような心ない言葉に、とてもキズつく。
「生活感がないね」と言われると、どうしたらいいのか悩む。
「遠い存在に感じる」という言葉には、さみしくなってしまう。

♥ 恋愛がうまくいくアドバイス

何も言うことはありません。あなたはパーフェクトです！
誰にでも優しい魅力的なあなたは、たくさんの人からモテるでしょう。
なかでも、会話や食事のテンポが合い、素でいられる相手がおすすめ
です。自分の弱みを見せられる相手なら、なおよし。

♥ 相性がいい相手

永久ピーターパン
⇒「大人になりたくない」を中年まで引きずっている男性。

♥ このタイプの人にありがちな背景、環境、過去

親の愛情を受けてのびのび成長してきた分、育ちがいい。いい友だち
や先生に恵まれている。
引っ越しなどで離れなければいけない人たちがいて、さみしい経験を
したが、いまでもいい関係が続いている。

みつを女子

♥ 特 徴 ♥

相田みつをの言葉のように的を射た言葉を言える女子。
言葉で人を応援したり、想いを伝えることが得意。

○○だもの。

だもの。

だもの。

♥ 職業、生息地

図書館
書店
美術館
映画館

♥ ログセ

「○○だもの」
「そんなあなたにわたしもなりたい」
「あの本に書いてあった」

♥ 陥りがちな症状

文通だけで関係が終わってしまう。想いを込めて手紙を書いても、返事が来る確率は低い。
本を読んだり映画を観たりすると、その世界にどっぷりハマり、なか

なか現実に戻ってこられなくなってしまう。

♥ 喜ばせポイント

「それ、すごく好きな言葉!」「心にしみた」「深い」などという言葉に、とても嬉しくなる。

一緒に本や映画を観て、感想を伝え合う時間にしあわせを感じる。

♥ 禁句

「言葉が全然伝わってこない」「何を言っているのか、よくわからないよ」と言われてしまうと、ショックを受ける。でも「そんなこともある、人間だもの」と切り替えようとする。

「面倒くさいなぁ」というひと言には、どこが悪かったのか悩んでしまう。

♥ 恋愛がうまくいくアドバイス

もっとその観察力や洞察力を使って自分自身を表現すると、さらに魅力に気づいてくれる男性が増えますよ♡

相手をほめるときにも、豊かな語彙力をフル活用して伝えると、相手の心に響くかも。

本や映画など、共通の好きなものがある男性と気が合いそうです。

♥ 相性がいい相手

ワンパタ LINE 男

⇒恋愛経験が少なく、LINE を短文の定型文でしか返せない男性。

♥ このタイプの人にありがちな背景、環境、過去

ずっと本を読んでいる。親が教育者。文学や芸術に触れて育つ。

子どもの頃、日記をつけたり、友だちと交換日記をするのが好きだった。詩を書くことも得意。

キャットガール

ツン！

わたしの好きにさせて♩

♥ 特徴 ♥

なつくけど思い通りにならない。犬型の逆。束縛されるのは大の苦手。でもまわりから興味を持ってもらえないと、不機嫌になる。

♥ 職業、生息地

水商売系
人当たりのいいマスターのいるバー

♥ 口グセ

「わたしの好きにさせて♪」
「気ままが一番」
「勝手に決めないで」

♥ 陥りがちな症状

浮気を疑われて勝手にLINEを見られる。すごく好きな相手にもそっけない態度をとってしまい、突然別れを切り出されてしまうことがある。まわりの人から、「わかりにくい」と言われることが多い。

♥ 喜ばせポイント

「自由にしていいよ」というひと言に大喜び。

「その気まぐれがたまらない」などと言われたら、「してやったり！」と
ほくそ笑む。

「ネコ系だね」という言葉は、お気に入りのフレーズ。

♥ 禁句

「何してたの？」「誰といたの？」「自分勝手だね」という言葉には、「ほっ
といてよ！」と腹を立て、プイッとそっぽを向く。

♥ 恋愛がうまくいくアドバイス

マメすぎる男性には気をつけましょう。相手の善意があなたには負担
になってしまいそう。

でも、自分の都合を優先してばかりでは、誰ともうまくいきませんよ。
あなたからも相手を理解し、合わせる努力が必要です。

相手の気持ちを考える努力をしましょう。

♥ 相性がいい相手

ガードマン

⇒結婚適齢期なのに、自分のお金と時間、空間を守り続けたい男性。

♥ このタイプの人にありがちな背景、環境、過去

親が共働きでほったらかしにして育てられた。ひとりっ子に多い。

本当はかまってほしい反面、かまわれすぎると嫌になって、ひとり気
ままに過ごす時間を求める。

ドラミさん

あなたになら
できるはず‼

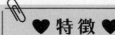

♥ 特徴 ♥

ドラえもんのように
甘やかさず、まず解
決に意識を向けさせ、
道具はなかなか出さ
ない。
アゲマン。相手を自
立させるのが得意。
愛されキャラ。見か
けによらず力持ち。

♥ 職業、生息地

介護士
福祉関係
ベビーシッター

♥ ログセ

「あなたにならできるはず‼」
「やってみよう！」
「考えてみて♪」
「応援してる！」

♥ 陥りがちな症状

期待しすぎて裏切られる。頼りにされて複数の人から相談を持ちかけ

られ、話を聞く時間を使いすぎてしまう。相手を想うあまり、自分のことが後回しになりがち。

♥ 喜ばせポイント

「やる気になった！」「あなたのおかげでがんばれたよ」というひと言には、「よかった」と達成感を感じる。

♥ 禁句

「もったいぶるな」などと言われると、「あなたのためよ」とブチ切れる。「えらそうに！」というひと言には、「もう絶対に応援しない」と距離を置く。

♥ 恋愛がうまくいくアドバイス

誰かれかまわず育ててあげたり、信用したりすると、びっくりするくらい悪い男性に騙されてしまいますよ。ほどほどにしましょう。
ときには、気になる相手に甘えてみるのもいいでしょう。あなたのかわいらしさが伝わって、デートに誘われるかもしれません。

♥ 相性がいい相手

バリアおじさん
⇒素の自分を出すのに、とても時間がかかる中年独身男性。中年太り。

♥ このタイプの人にありがちな背景、環境、過去

男兄弟がいる。家族のなかでおかあさん役をしてきた。ポンコツで大切な友だちがいて、自立できるようにいつも応援している。面倒見はいいが、何でも手を貸すことはしないしっかり者。
相手を想って、ちょっとしたウソをつくこともある。

マンネリ女子

ベラ
ベラ
ベラ
ベラ

♥ 特 徴 ♥

まったく謎がなく、常に
ネタバレしていて興味を
持たれない女性。
棒読み恋愛。マンネリ。
ミステリアスさがまるで
ない。隠しごともない。

♥ 職業、生息地

いる場所をすべて公開
ポスティング（ビラ配り）

♥ ログセ

「今日こんなことがあってね!」
「それでね、こうでああでね〜〜」

♥ 陥りがちな症状

飽きられる。恋愛が長続きしない。新しい発想を考えることが苦手な
ため、デートもいつも同じ場所。一度気に入ると同じ場所に通いつめ
たり、好きなものを永遠に食べ続けるなど、まわりが引いてしまうこ
とがある。

♥ 喜ばせポイント

「今日も楽しかったんだね!」「今度一緒に連れて行って!」と言われると、

自分の好きなことに興味を持ってもらえたと嬉しくなる。

「隠しごとがなさそうだね」というひと言には、肯定してもらえた喜び
で、機嫌がよくなる。

♥ 禁句

「退屈だな」「それ、さっき聞いた」「口が軽そうだね」「人の話を聞かな
いよね」などと自分の特徴を指摘されると、ちょっぴり落ち込む。

♥ 恋愛がうまくいくアドバイス

何でも話すと飽きられてしまうので、多少ミステリアスな部分があっ
たほうがいいですよ！

自分の話ばかりではなく、相手の話も聞いてみましょう。好きなこと
や行ってみたい場所を質問するなど、相手を知ろうとすることが大切
です。ときには、相手に合わせることや、気になる人のマネをしてみる
と、新たな発見がありそう。

♥ 相性がいい相手

踏みこメン

⇒3回目のデートで進展できない小太り男性。

　リュックを背負っておかしなGパンを履き、服はダボついていること
　が多い。

♥ このタイプの人にありがちな背景、環境、過去

基本的に情報量が少ない。好奇心がなく、変化を好まない。趣味も少な
く、行動範囲が狭い。

親もあまり出かけることがなく、家族旅行などにもほとんど行ったこ
とがない。家族それぞれが自分のことを勝手に話して、会話にならな
い環境で育った。

行動がワンパターンになりがち。ルーティンワークが得意。自分の興
味のある特定のことには詳しい。

恋への一歩を踏み出そう

　仕事や趣味などに夢中になっている間に、恋愛が後回しになってしまっている人は多いのではないでしょうか？

　恋愛から遠のいているうちに、どんどん人と深く関わることがおっくうになったり、怖くなってしまっている人は少なくありません。
「嫌われるのが怖くて距離を縮められない」
「いさかいが起こるのが怖くて、本音を言えない」
　というように、関係を深める一歩を踏み出せない人もいるでしょう。

　でも、自分のことを知り、相手のことを知り、お互いに違うところがあっても丁寧にすり合わせていくことで、かならずどこかで人と人はわかり合うことができます。
　そして、誰かとともに生きる努力をすることで、世界も大きく広がるのです。

　わたしは日々、人と人とがつながれるようにサポートをしていますが、本当にお似合いのカップルが生まれたときには、心からよかったなと思います。
　もちろん、人それぞれにいろいろな生き方があっていいのですが、人との関わり方を知り、

「ひとりよりも二人がいいね」
　と思えるようになる人が、増えていくことを願っています。

　わたしは、相手とわかり合うことをあきらめない人が増えること
で、世界が平和になると信じています。
　あなたも、勇気を出して最初の一歩を踏み出してみませんか？

ためLINE男子

会ったときに
話します

スマホ

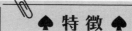

♠ 特 徴 ♠

恋愛経験が少なく、LINE
の文章を書くのに1時間
以上かかる男性。
不器用だけど、人はいい。

♠ 職業、生息地

自営業（店主）
商店街
地元のバッティングセンター
地元の銭湯

♠ ログセ

「会ったときに話します」
「顔を見て話すのが一番」

♠ 陥りがちな症状

音信不通、自然消滅。
LINEで何をどう書いていいのかわからず、悩みすぎて頭が痛くなって
しまう。

♠ 喜ばせポイント

短いLINE文章とLINEスタンプ。

LINEの文章にハートマークを入れる。

「誠実そう」「いつも一生懸命ですね」など、人柄をほめる。

♠ 禁句

LINEでの質問や「返事まだ?」というひと言に、頭のなかでぐるぐる悩んでしまい、返事ができずに自己嫌悪に陥る。

♠ 恋愛がうまくいくアドバイス

男友だちとLINEを練習して、慣れるしかありません。

SNSからインプットして学びましょう。

気になる女性には、まず挨拶や簡単な近況報告、何かのお礼などを伝えてみては?

相手のいいなと思うところを、さりげなく伝えるのもおすすめです。

スタンプも活用して楽しんで!

♠ 相性がいい相手

秒速惚れ惚れ女子

⇒とても惚れやすく、いつも冷められてしまう女性。

♠ このタイプの人にありがちな背景、環境、過去

長時間、スマホやテレビを見ることができないため、情報不足で語彙力が足りない。

スマホの連絡をブロックされたことがある。

人のことは好きだけれど、気になる人に対してLINEなどで連絡をとることに抵抗を感じる。

ワンパタ LINE 男子

♠ 特 徴 ♠

恋愛経験が少なく、LINEを短文の定型文でしか返せない男性。
冗談が通じない。頭が固い。過去の恋愛にトラウマあり。

♠ 職業、生息地

公務員
郵便局
市役所
地元の定食屋

♠ ログセ

「承知しました」
「了解しました！」
「少々お待ちください」

了解しました!!

♠ 陥りがちな症状

飽きられる、進展しない。

真面目で頭が固いので、会話が続かない。友だちが少ない。

行動がワンパターンで、食べるもの、着る服、出かける場所など、いつも同じになりがち。

♠ 喜ばせポイント

「電話していい?」と言われると、嬉しくていつもよりトークが弾みそう。
LINEをくれたことにお礼を伝えると、「またLINEしてみようかな」と
ウキウキした気持ちになるかも。

♠ 禁句

「退屈」「つまんない」「飽きた」などの言葉を言われたら、ショックで
落ち込み、ひざを抱えてうずくまる。

♠ 恋愛がうまくいくアドバイス

本やマンガ、ドラマを見て話題を増やしましょう。
女性が好きそうな流行りのスイーツを食べてみるなど、自分がしたこ
とのない行動をおすすめします。先に情報収集をして話のネタづくり
をしておくことで、安心してやりとりができそう。自分が楽しいと思
うことをピックアップしてみるのも、話のきっかけになるかも。

♠ 相性がいい相手

みつを女子
⇒相田みつをの言葉のように、的を射た言葉を言える女子。

♠ このタイプの人にありがちな背景、環境、過去

仕事や生活スタイルがワンパターン。変化のない日常が当たり前になっ
ている。
新しいことをしてみようという発想がない。過去に付き合っていた女
性に「あなたといてもつまらない」と別れを告げられたことがある。
それがトラウマになって、恋愛に一歩踏み出すのが怖くなっている。

優柔不男
ふ だん

♠ 特 徴 ♠

恋愛経験が少なく、デートの場所を決められない優柔不断な男性。
否定されることが怖くて、自分の意見を言えない。

♠ 職業、生息地

マニュアルどおりの仕事
コンビニ
いつもの牛丼屋

ここに
しますか？

あそこに
しますか？

優柔
不男

♠ 口グセ

「行きたいところはありますか？」
「食べたいものはありますか？」
「ボ、ボ、ボクはなんでもいいです」

♠ 陥りがちな症状

デート中にケンカになって、結婚に迷う。

決断力がなく、いつも人の意見に左右される。あまりの頼りなさに、女
性から見切りをつけられてしまう。女友だちがいなかったため、女性
の気持ちはわからないと思い込み、勝手にコンプレックスに感じている。

♠ 喜ばせポイント

「わたしについてきて！」と言ってくれる人には、喜んでついて行く。
「優しいね」「おだやかそう」などと言われると、「そ、そ、そうかな」と
嬉しくなる。

♠ 禁句

「あなたが決めて」このタイプは追いつめないことが大事。
「自分はどう思うの？」と問いつめられると、しどろもどろになり何も
言えなくなってしまう。

♠ 恋愛がうまくいくアドバイス

面倒見のいい女性、年上の女性を選びましょう。
逆に、何も決められない女性を選ぶのもありです。
結婚したいと思うのなら、もっと自分の意見を相手に伝える努力をす
ること。ときにはぶつかることがあっても、そこから信頼関係を築い
ていくきっかけになりますよ。

♠ 相性がいい相手

完熟夫人
⇒もっといい男性と出会えると思い続けて、年齢を重ねてしまった女性。

♠ このタイプの人にありがちな背景、環境、過去

親が過保護だったので自分で決断できない。なんでも親がやってくれ
ることに甘えて育った。
自分の意見を激しく否定されたり、失敗を責められた経験から自信が
なくなり、自分で決めることが怖くなってしまった。

意気地なし男

機会があれば
またお願いします

♠ 特 徴 ♠

恋愛経験が少なく、デートに誘えない男性。地味で真面目。1対1より、大人数のなかにいるほうが落ち着く。

♠ 職業、生息地

設計事務所
2級建築士
図書館

♠ 口グセ

「みんなで行きましょう」
「機会があれば、またお願いします」
「また今度」

♠ 陥りがちな症状

一生独身。本当はモテるのに、自分では気づいていないため自信がない。
勝手に「自分なんて…」と卑下して暗くなりがち。

♠ 喜ばせポイント

「グイグイ来る人は苦手なの」「優しい男性って好きだわ」という言葉に、ちょっぴりホッとする。

仕事をほめると、認めてもらえたようでとても嬉しくなる。

♠ 禁句

「しっかりしてよ」「頼りない」などという言葉に、「自分はやっぱりダメなんだ…」とどんどん自信をなくしてしまう。

♠ 恋愛がうまくいくアドバイス

SNSで顔出ししてみましょう。強制的に人前で何かを発表する機会を持ってみては？ 親しみやすい女性と交際経験を持ってみることもいいでしょう。

最初は勇気がいることかもしれませんが、度胸がついて少しずつ自信を持てるようになりそう。

幼なじみや、身近な女友だちに連絡してみることから始めるといいですよ。

♠ 相性がいい相手

永遠の二番手

⇒結婚を考えていない男性や、既婚者だけにアプローチされるアラサー女性。

♠ このタイプの人にありがちな背景、環境、過去

告白してフラれた経験、女性が陰で言う悪口が耳に入った経験あり。いじめられっ子の過去を持っている。

キズついたことが忘れられず、いつまでたっても自信がない。自己肯定感が低い。

ガードマン

♠ 特 徴 ♠

結婚適齢期なのに、自分のお金と時間、空間を守り続けたい男性。
人よりも物に価値を置くタイプ。

♠ 職業、生息地

IT関係

クリエイティブ職

インターネットカフェ

♠ ログセ

「お先に失礼します」

「もったいない」

「興味ありません」

♠ 陥りがちな症状

交際が長続きしない。あまり人に関心がないため、相手の気持ちをわかろうとしない。

モテなくはないのに、アピールされても気づかず、チャンスを逃してしまう。自分の世界にこもりがち。

♠ 喜ばせポイント

仕事や趣味をほめる。

「器用なんだね」「センスいいね」などというひと言には、素直に嬉しくなる。

♠ 禁句

「今日何してたの?」「誰といたの?」などとは言わず、このタイプは放っておくことが大事。

自分の領域に踏み込まれると、余計にガードが固くなる。

♠ 恋愛がうまくいくアドバイス

週末婚、事実婚が向いています。放っておいてくれる女性を選びましょう。

メールやLINEで連絡をするときは、少しでも相手を思いやる言葉も伝えるようにすることが大切です。感謝の気持ちも忘れずに。

♠ 相性がいい相手

キャットガール

⇒なつくけど思い通りにならない。犬型の逆。

♠ このタイプの人にありがちな背景、環境、過去

ひとりっ子に多いタイプ。人に合わせるということをしないで生きてきた。

自分が好きで、自分の趣味や仕事が最優先。

親がドライなタイプで、スキンシップが少ないなかで育ったので、甘え方がわからない。

人に対して関心が薄い。心の底から人を愛した経験がない。

友だち以上、恋人未マン

いいよ、
いいよ。
気にしないで！

♠ **特徴** ♠

いつもいい人どまり
で、恋愛に進展しな
い男性。
女性から異性として
見られていない。

♠ 職業、生息地

同僚
幼馴染み
同窓会
タクシーの運転手

♠ ログセ

「いいよ、気にしないで！」
「応援するよ」
「ボクでよければ、迎えに行こうか？」

♠ 陥りがちな症状

セックスレス。

都合のいいときだけ声がかかる。アッシーにされがち。いいように使われて、いつもそのとき止まりで恋愛には進まない。

♠ 喜ばせポイント

「何でも相談できるわ」「優しそう」といった言葉に弱い。

「車の運転が上手ね」など、自信のあることをほめられると上機嫌に。

♠ 禁句

「いい人なんだけどね」「異性を感じない」など、何度も言われてしまう言葉に、その都度落ち込む。

♠ 恋愛がうまくいくアドバイス

お見合い結婚がいいでしょう。恋愛には向いていませんが、結婚には向いていますよ。

恋愛映画や恋愛ドラマをたくさん見て勉強しましょう。女性が喜ぶポイントをつかめば、大きな進展がありそう。あなたの人のよさが伝わるように、素直でいることを心がけて。

♠ 相性がいい相手

長すぎた春子

⇒ひとりの男性と長く付き合って別れ、婚期を逃した女性。

♠ このタイプの人にありがちな背景、環境、過去

SEX経験が少なく、色気やフェロモンが出ない。女性が多い職場や、女きょうだいのなかで育った分、女の怖さも肌で察しているため、積極的に恋愛に踏み出せない。

ちんもくん

あの〜 \
えっと…

♠ 特 徴 ♠

女性との会話が続かない、沈黙にビビっている男性。プライドが高く、いじられたくないタイプ。意外と頑固。

♠ 職業、生息地

エンジニア
公務員
公園
インターネットカフェ

♠ ログセ

「あのー」
「えっと…」
「その…」
「何でもないです」

♠ 陥りがちな症状

年齢＝恋人いない歴。ひとりの時間を好み、人と関わることが極端に少ない。人前に出ることが苦手。あがり症で、緊張すると汗が吹き出す。

♠ 喜ばせポイント

できることをほめる。
「笑うとかわいいですね」と言われたら、嬉しくて一日中浮き足立ってフラフラしてしまう。

♠ 禁句

「つまんない」「沈黙に耐えられない」などと言われたら、落ち込み、余計に寡黙になる。

♠ 恋愛がうまくいくアドバイス

映画など会話が必要のないデートがおすすめです。
沈黙を埋めるために、マジックや一芸を身につけたり、習い事をするのもいいでしょう。
あなたが楽しいと思うことを見つけて、身近な人に話してみては？ きっと興味を持ってくれる人がいますよ。

♠ 相性がいい相手

カワイ子ちゃん
⇒30年前の死語のカワイ子ちゃん。男性に関心を持たれる愛嬌たっぷりの女性。

♠ このタイプの人にありがちな背景、環境、過去

社交場に出る機会がない。下戸に多い。
親の声が大きく、自分の話をかき消されて育ったため、「まわりの人は自分の話に興味がないんだ」という思い込みがある。
小学生の頃、クラスで発表したときにみんなに笑われた経験あり。

恋の見送り三振王

♠ 職業、生息地

建築現場や技術職

スナック

結婚相談所

弱小草野球チーム

♠ ログセ

「大丈夫?」

「怒ってる?」

「ごめんな」

「悪かったよ」

♠ 陥りがちな症状

チャンスを逃して、もったいない失恋に。自分が悪くなくても、つい謝ってしまう。

いつも女性に責められる。女性に興味はあるが、怖い気持ちのほうが強い。

♠ 喜ばせポイント

「優しいね」

逆プロポーズするのも◎。内心、飛び上がるほど嬉しい。

仕事をほめられるととても喜び、じつは男らしい一面が顔を覗かせるかも。

♠ 禁句

「イライラするわ」と言われると、「怒らせてしまった」と心臓がバクバクしてしまう。

「謝って済むなら警察はいらないわよ！」というひと言には、何も言えずに落ち込むばかり。

♠ 恋愛がうまくいくアドバイス

まわりに気がある人がいるかもしれませんよ。女の子のいる店に行って自信をつけましょう。

肩の力を抜いて、気軽な気持ちで話しかけてみて。階段で手を貸してあげたり、ドアを開けてあげるなど、ちょっとした気配りをすると女心に響きます。ぜひやってみて！

♠ 相性がいい相手

コロナで焦り姫

⇒コロナ自粛で、ひとりに不安を感じて、焦って婚活を始めた女性。

♠ このタイプの人にありがちな背景、環境、過去

女性のいない職場で働く人に多い。

学生時代に、好きだった女の子に男友だちが告白して、付き合ってしまった経験あり。

気が強く、できのいい妹がいる。

バリアおじさん

ちょっと
人見知りなんで

♠ 特 徴 ♠

素の自分を出すのに、とても時間がかかる中年独身男性。中年太り。こだわりが強い。

♠ 職業、生息地

管理職
休日のハイキングコース

♠ ログセ

「別にそれは」
「いいです、いいです」
「ちょっと、人見知りなんで」
「大丈夫です」

♠ 陥りがちな症状

女性に職場でも嫌われる。ほとんど自分から女性に話しかけることがないので、いるのかいないのかわからない存在。

♠ 喜ばせポイント

「責任感が強そう」「正義感がありそう」という言葉には口元がゆるみ、喜びが見え隠れする。

♠ 禁句

「真面目か!」というように、いじられるのはタブー。
「それって、どういう意味ですか?」などと突っ込まれると、固まってしまう。

♠ 恋愛がうまくいくアドバイス

お笑いを見て勉強しましょう。

飲み会に参加してみたりして、自分を出していきましょう。ちょっぴり勇気を出せば、いままで知らなかった楽しい世界が広がりますよ。

街コンや、マッチングアプリの共通の趣味のコミュニティに参加するのもおすすめです。

♠ 相性がいい相手

ドラミさん

⇒ドラえもんのように甘やかさず、まず解決に意識を向けさせ、道具はなかなか出さない。アゲマン。

♠ このタイプの人にありがちな背景、環境、過去

独身のまま中間管理職になった人に多い。性格的にも自分をなかなか出せない。

まわりに女性があまりいない環境のため、女性のことがよくわからない。

ひとり暮らしが長く、何となくここまで来てしまった。学生時代は、ワンダーフォーゲル部に所属。

びくびくん

びく
びく

♠ 特 徴 ♠

会話が苦手なうえに、オンライン婚活を極端にビビっている男性。
結婚したい気持ちもあるが、まったく進展がない。

♠ 職業、生息地

第一次産業
東北地方
コンビニ
道端
本屋のマンガコーナー

♠ ログセ

「ボクなんか…」
「どうぞどうぞ」
「びっくりした…」
「ど、ど、どうしよう…」

♠ 陥りがちな症状

現状維持、あきらめがち、最悪の場合、出家。

引きこもり。びくびくしすぎて疲れてしまい、週末は寝込むことが多い。

♠ 喜ばせポイント

こだわりの持ち物や趣味をほめる。

好きなマンガの話をすると、嬉しくてポツリポツリと口を開く。

♠ 禁句

「任せるわ」「あなたの意見を聞かせて」などと言われると、どうしていいかわからず、ドキドキしてその場からいなくなる。

♠ 恋愛がうまくいくアドバイス

選ぶ女性の理想を下げてみてはどうでしょう？ ひとりで居酒屋に入ってみたり、イケイケの男友だちをつくるのもおすすめです。

何か新しいことをしてみるといいですね。思いもよらなかった楽しいことが見つかるかもしれません。そこから出会いにつながる可能性も、なきにしもあらず。

♠ 相性がいい相手

清楚さん

⇒川のせせらぎのごとく清楚な女性。

♠ このタイプの人にありがちな背景、環境、過去

常に地味な男性グループに所属してきた。女友だちがいない。

身体が弱く、心配性の親に育てられた。食が細く、栄養不足になりがち。

ひとりジュースを飲みながら、部屋でマンガを読むのが至福のひととき。

キャパなしおじさん

ちょっといろいろ
トラブってまして

♠ 特徴 ♠

不器用で毎日に精一杯で、クタクタな中年独身男性。疲れすぎていて不眠症。主に通勤途中の電車で寝ている。

♠ 職業、生息地

中間管理職
自営業者
公園のベンチ

♠ ログセ

「バタバタしてて」
「ちょっといろいろトラブってまして」
「グロッキーです」

♠ 陥りがちな症状

店員に偉そうな態度をとる。疲れすぎていて余裕がなく、まわりに八つ当たりする。
寝ている間も、うなされたり歯ぎしりをして、一向に疲れがとれない。
行きつけのスナックでは、頭にネクタイハチマキが定番。

♠ 喜ばせポイント

「がんばってるのわかるよ」などと言ってくれる相手は、天使に見える。
「お疲れさま♡」と笑顔で差し入れ。こんなことをしてくれる人に対して、神と仰ぐ。

♠ 禁句

「がんばりなよ！」と言われて、「がんばってるよ！」と逆ギレ。
「要領悪いな」と言われて、「お前が言うなよ！！」とブチギレ。
「これ、やっておいて」と言われて、「これ以上どうやればいいんだよ！！！」とマジギレ。

♠ 恋愛がうまくいくアドバイス

スナックへ行くのをやめて、オンオフをはっきりさせましょう。
栄養のある食事や睡眠など、健康的な生活を心がけることで、気持ちにゆとりが生まれそう。
身近な女性に笑顔で挨拶をしたり、優しくすることを意識してみるといいことがあるかも。
髪型を思い切って変えてみませんか？ 頭が軽くなって、いい気分転換になりますよ。

♠ 相性がいい相手

恋愛グロッキー女子
⇒婚活がうまくいかない状況が続いて、疲れている女性。

♠ このタイプの人にありがちな背景、環境、過去

パワハラ上司の下で働いている。先輩が怖い。親が厳しく、よく叱られた。
もともと体力があまりなく、頭で考えすぎていっぱいいっぱいになり疲れてしまう。

能書キング

♠ 特徴 ♠

カッコつけて、自分の仕事のことや知識ばかり言いたがる独身男性。
理系に多い。口が軽い。知ったかぶり。

常識だよ!

♠ 職業、生息地

管理職

中小企業役員

ホテルのランチバイキング

♠ 口グセ

「そんなことも知らないの?」

「常識だよ!」

「ボクの経験から言うと…」

♠ 陥りがちな症状

孤立し、友だちがいないことに慣れてしまっている。口が達者で敬遠される。職場でも、まわりの人との距離がある。自分の弱みを見せないように、あることないこと、知識をひけらかす。

♠ 喜ばせポイント

「すごい!」「勉強になるわ!」「なんでも知っているのね!」などと言われると、有頂天になる。

♠ 禁句

「べつに興味ない」「へぇ～、それで?」とそっけない言葉を言われると、機嫌を損ねてバタバタと暴れる。

♠ 恋愛がうまくいくアドバイス

もっと人の話を聞きましょう。

自分よりできる人が多い環境で、論破されたほうがいいと思います。

何かをしてもらったら「ありがとう」と、感謝の言葉を伝えることを大切に。

何気ない会話から仲よくなるきっかけがあるかもしれません。

♠ 相性がいい相手

リベロ女子

⇒いつも受け手の女性。

　バレーボールでレシーブ専門(リベロ)の例え。

♠ このタイプの人にありがちな背景、環境、過去

高学歴。学生時代は文化系の部活に所属。

親も高学歴で仕事が忙しく、あまりかまってもらえずにさみしい子ども時代を過ごした。

なんでも話せる友だちがいない。

夢見る夢次郎

いつか
お姫さまが… ♥

♠ 特 徴 ♠

職場でもプライベートでも女性と関わりがなく、ただ待ち続けている中年独身男性。人はいいが、なぜか女性に縁がない。

♠ 職業、生息地

工場長

エンジニア

地元の焼き鳥屋

♠ 口グセ

「縁だから…」

「ボクのいい人、どこにいるのかな〜」

♠ 陥りがちな症状

気がつけばひとり。婚活拒否。

ひとり暮らしが長く、料理や家事などひと通りできてしまうため、あまり困り感がない。

♠ 喜ばせポイント

占いでモテ期を伝えると、一喜一憂してテンションが上がる。

「いい人そう」という言葉に、素直に喜ぶ。

♠ 禁句

「結婚できないと思うよ」「いつまで夢みたいなことを言っているの？」
など、このタイプに焦らせる言動はNG。

♠ 恋愛がうまくいくアドバイス

一度、占ってもらってみては？ そしてうまいこと誘導してもらうとい
いかもしれません。

結婚式は、二次会まで参加してくださいね。

女性がいる場に足を運ぶことから始めましょう。

♠ 相性がいい相手

暗黒老後女子

⇒結婚できないと開き直っているけれど、とても老後が不安な女性。

♠ このタイプの人にありがちな背景、環境、過去

まわりに独身者が多く、既婚者の友だちはごくわずかという環境で過
ごしている。そのため、あまり危機感がない。

ときどき親に「将来はどうするの？」と聞かれるが、そのうちなんとか
なるとのんきに構えて響かない。

ウーマンコントローラー

♠ 特徴 ♠

結婚の目的を、家事をしてもらう
ことやSEXだけで考えている男性。
基本的に自分は何もしない。

♠ 職業、生息地

二代目店主
旅館のボンボン
ゲーマー
キャバクラ

♠ 口グセ

「俺の女」
「してやった」
「風俗換算したら…」
「好みのタイプ」

♠ 陥りがちな症状

「実家に帰らせていただきます」と妻から三行半。

セクハラ裁判を起こされる。

予想外のことが起きたときに、臨機応変な判断ができず慌ててしまう。

♠ 喜ばせポイント

「女性の扱いがうまいな」「頼りになるわ」「ついていきます」と言われると、鼻高々になる。

♠ 禁句

「いったい何様のつもり?」「座っていてもご飯は出てきませんよ」などと言われて、侮辱されたような気持ちになり、ふて寝する。

「このすけべ野郎!」とののしられると、図星なだけに何も言えない。

♠ 恋愛がうまくいくアドバイス

女性誌を読んで女心をもっと勉強してください。

女性の友だちに、あなたの価値観を聞いてみるといいですよ。

相手のいいところをほめたり、してもらったことに対して感謝の気持ちを伝えることが大切です。

♠ 相性がいい相手

古き良き子

⇒亭主に気をつかいすぎる。

♠ このタイプの人にありがちな背景、環境、過去

九州出身。「おい、お前!」と父が母を呼ぶ、男尊女卑の家庭環境で育つ。父親が厳しく、亭主関白。

9時〜17時の仕事をしている人に多い。女性と深い話をしたことがなく、女性の気持ちがよくわからない。

Mr. 割り勘

半分ちょーだい！

♠ 特 徴 ♠

節約意識が染みつきすぎて、女性の前でもケチな男性。スネオ風。
人にご馳走したことがない。

♠ 職業、生息地

事務系サラリーマン
ワンコインで食べられる定食屋

♠ ログセ

「コスパ悪い」
「将来のこと考えないと」
「割り勘で！」
「節約節約！」

♠ 陥りがちな症状

デートが2回目に続かない。

一度会った女性と音信不通になる。相手にご馳走してもらうことがあっても、自分からご馳走することはない。だんだんまわりの人から誘われなくなる。

♠ 喜ばせポイント

「しっかりしてるね」「家計簿をつけていそう」などの言葉に「当たり前でしょ」と思いつつも本当は嬉しい。

♠ 禁句

「退屈」「おもしろくない」「ケチ!」などと言われて、尊厳をキズつけられたような気持ちになり、機嫌が悪くなる。

♠ 恋愛がうまくいくアドバイス

たまにはプレゼントを贈りましょう。そして、たまには自分にもご褒美を。人の喜ぶ顔をイメージして、自分にできることを見つけてみましょう。人の笑顔の分だけ、いいことがあると思って、人のためにお金を使ってみてください。

♠ 相性がいい相手

ゼロコーデ女子

⇒コーディネートしない女性。アンチドレス症候群。

♠ このタイプの人にありがちな背景、環境、過去

下戸の人に多い。

人との集まりでお金を使う場が少ない。そもそも最初から行かない。

親がお金で苦労している姿を見て育った。

メッキ坊や

♠ 特徴 ♠

婚活での2、3回目のデート
で女性にフラれ続ける男性。
とにかく薄っぺらい。
自分ではモテると思っている。
お年寄りからはなぜかモテる。

チャラく
見えます？

♠ 職業、生息地

介護職
バーのカウンター席

♠ ログセ

「チャラく見えます？」
「第一印象、若いって言われます」
「ボクのかわい子ちゃん♡」
「髪が伸びてきちゃった」

♠ 陥りがちな症状

二股、三股をかけられる。それでも懲りずに女性に声をかけまくる。おじいちゃん、おばあちゃんから人気があり、ついノリでおばあちゃんたちにも「ボクのかわい子ちゃん♡」と呼んでしまい、喜ばれている。肝心の年頃の女性とは、なかなか進展できない現実。

♠ 喜ばせポイント

「見た目よりちゃんとしてる!」「カッコいい!」などと言われて、ますます調子に乗る。
「優しいのね」と言われると、照れくさいがとても嬉しくなる。

♠ 禁句

「ペラペラだね」「薄っぺらい」「飽きた」「薄情そう」などの言葉には、それなりにキズついてちょっぴり落ち込む。

♠ 恋愛がうまくいくアドバイス

最初からがんばりすぎないほうがいいですよ。
外見を気にしすぎないことです。
相手の話を真剣に聞いてみてください。そんなあなたの姿に、相手の女性が見直すかも。

♠ 相性がいい相手

恋のマボロシ女子
⇒いいなと思った男性からの連絡が、いつも急に途絶えてしまう。

♠ このタイプの人にありがちな背景、環境、過去

大学時代はテニスサークルに所属。チャラチャラしていて、名ばかりの幽霊部員だった。
子どもの頃はおじいちゃんっ子で、かわいがってもらっていた。

恋のお悩みQ＆A　〜男性編〜

恋愛や婚活に苦手意識のある男性たちから寄せられる質問に、
お答えします。

Q：手持ちの服がダサく、女性とデートできる服がありません…。

　A：お店で女性の店員さんに選んでもらうか、ユニクロのマネキンが着ている服を上から下まで揃えてイメチェンしましょう！

Q：女性との食事やデートでは、緊張してあたふたしてしまいます…。

　A：デートで行くお店は、事前に下見しておきましょう。それだけで、当日、少し落ち着いて行動できるようになりますよ。

Q：初対面の女性と会話ができません。どうしたらいいでしょうか？

　A：最初の挨拶で、勇気を持って冗談を言ってみてください。
「僕の顔、プロフィール写真より大きくてビックリされたんじゃないですか？」などというように、男性側から、心の壁を壊していきましょう。

Q：女性と上手に話せず、嫌われて終わってしまいます…。

　A：女性の話に興味を持って聞くことが大切です。相手がハマっていることや、大切にしていることは何か、質問し、共感することから始めましょう。

Q：自分に自信がなく、婚活もなかなかうまくいきません…。

A：男性の場合、ジムで身体を絞ったり、ボクシングジムで鍛えたりするのはおすすめです。身体を鍛えるとメンタルも強くなり、自信もつきやすくなるはずですよ。

Q：どうしたら自然にLINEのやりとりを続けられますか？

A：連絡事項だけになっていませんか？　女性のLINEに書かれている「感情の言葉」にフォーカスし、「楽しかったんだね!」と感情の言葉で返信しましょう。

Q：女性に話せることが何もないと、「自分はつまらない人間だな…」と思ってしまいます。

A：行ったことのない場所にひとりで旅行に行く、したことない体験に挑戦するのがおすすめです。ほかにも、感動する映画を観たり、お笑いを観に行ったりして、感情を動かす練習をしましょう。

Q：女性と会話を続けるには、どうしたらいいでしょうか？

A：まずは、女性の持ち物や服の色などをほめるところから始めてみてください。

Mr.バッドエンド

♠ **特 徴** ♠

婚活で少し進展するけれど、最後の一歩でいつも選ばれない男性。結婚したい気持ちはあるが、どうも押しが弱くうまくいかない。

♠ 職業、生息地

ひとりで酒場

バーの端っこの席

ホームセンターの園芸コーナー

♠ ログセ

「やっぱりな…」

「どうせ…」

「こんなもんだ」

♠ 陥りがちな症状

自信喪失、あきらめ。最初からうまくいくとは思っていない。

ネガティブなことばかり言って、その通りになると「やっぱり…」と一瞬落ち込むが、現状維持にどこか落ち着いている。

♠ 喜ばせポイント

「縁がなかっただけだよ」という言葉に、慰められたような気持ちになり、気持ちを立て直す。

♠ 禁句

「もともと脈ないでしょ」と、気づかないふりをしていたことをハッキリ言われて、ひとりさみしくやけ酒。

♠ 恋愛がうまくいくアドバイス

期待しすぎないように！　詰めが甘いですよ！

どんなタイプの女性とどんなふうになったらいいか、イメージをふくらませてみましょう。

いい結果を思い描いて、少しでも近づけるように、できることから行動してみてください。きっと何かが変わりますよ。

♠ 相性がいい相手

イノシシ女子

⇒結婚に焦ってまわりが見えなくなり、余裕がない女性。

♠ このタイプの人にありがちな背景、環境、過去

すべて決めてしまったあとで融資が下りない自営業者や、友だちからお金を返してもらえないことがよくある。

親から「どうせあんたはこんなもん」「どうせできないんだから」と、ネガティブなことを言われて育った。

いつも自信がなく、つい悪いことばかり思い描いてしまうクセがある。

ミスチューニング男子

♠ 特 徴 ♠

デート中に、女性の興味のあることをひとつも聞けない男性。
恋愛の経験が少なく、女性のことがよくわからない。

♠ 職業、生息地

スナックの客
市役所

♠ ログセ

「何かしゃべってください」
「何か質問ありますか？」
「わかりません」

♠ 陥りがちな症状

スナック通い、キャバクラ通い。そこでもてはやされたり、悩みを聞いてもらうことで、日頃のストレスを発散している。一般の女性と向き合う自信がない。

♠ 喜ばせポイント

「もっと話を聞きたい!」「おもしろい!」などという言葉に、浮かれてしまう。

「誠実そう」と人柄をほめると◎。

♠ 禁句

「モテないでしょ」「つまらない」と言われてしまうと、落ち込んで何も言えなくなってしまう。

♠ 恋愛がうまくいくアドバイス

女性のブログなど、SNSから女性の興味があることを研究しましょう。

自分のペースで会話を進めないことです。会話には、相づちやオウム返しが効果的ですよ。

聞き上手になることを意識して、女性の話をしっかり聞くことが大切です。そうすると、あなたの話もきちんと聞いてもらえるでしょう。

♠ 相性がいい相手

セクシー嬢

⇒峰不二子のような女性、自分のスタイルを最大限に活かして男性の目を惹こうとする女性。

♠ このタイプの人にありがちな背景、環境、過去

クラスのみんなで盛り上がっているときに、「何? 何?」と言っているようなタイプ。

友だちはいつも少人数のグループ。

ワイワイしている雰囲気のなかにいたいと思っている。

アポトレンズ

また
LINE するね〜

ササ・・・

♠ 特 徴 ♠

会っているときに次のデート
の約束ができず、いつもLINE
で仕切り直しをする。
相手の顔色をうかがって、後
手後手になりがちでチャンス
を逃す。

♠ 職業、生息地

SE

ゲームセンター

♠ ログセ

「また、LINEするね」

「なるほど、そういうシステムか〜」

♠ 陥りがちな症状

進展しない。基本的に人との関わりが苦手。何を話していいかわからず、
会話が途切れがち。

後からLINEでやり取りをしても、なかなか進展しない。

♠ 喜ばせポイント

「次いつ会う?」と言われると、ものすごく嬉しくなって足取りが軽くなる。

仕事をほめられると、肯定された気持ちになり、ちょっぴり自信がわく。

♠ 禁句

「男らしくないわね!」「意気地なし」などという言葉には、シュンとしてしまう。

♠ 恋愛がうまくいくアドバイス

連続ドラマを見て、デートの流れを勉強したほうがいいですよ。

会話のなかに、次回予告を入れましょう。次の話題につなげられないため、LINE男子やワンパタLINE男子の合併症に要注意!

仕事を活かした相談に乗ってあげると、「頼りになる」と見直されそう。さりげなく困りごとを聞いてみては?

♠ 相性がいい相手

イノシシ女子

⇒結婚に焦ってまわりが見えなくなり、余裕がない女性。

♠ このタイプの人にありがちな背景、環境、過去

生活すべてがルーティンで成り立っている。単純作業に囲まれている。

子どもの頃『銀河鉄道999』に乗って、機械の身体がほしいと本気で思っていた。

憧れの女性は、メーテル。

オフサイド男子

♠ 特 徴 ♠

ゴール (SEX) を決めること
ばかり意識している。
女性を見る目がギラついて
いる。雰囲気に酔わせるの
がうまい。

♠ 職業、生息地

営業職
バー勤務

♠ 口グセ

「一人暮らし？」
「家行っていい？」
「タイプだな♡」
「送って行くよ！」

♠ 陥りがちな症状

避妊も適当で妊娠させてしまう、泥沼劇になりがち。ノリが軽い。何度
か修羅場をくぐり抜けた経験がある。それでもいまだに懲りていない。
寄ってくる女性もそれ相応。

♠ 喜ばせポイント

「女性の扱いに慣れてるわね」とよく言われる。そこは得意分野なので自信あり。

「楽しい!」と言われたらどこまでも楽しませようと、ゴールに向けてテンションが上がる。

♠ 禁句

「最低!」「ケダモノ!」「あなた、全然モテてないよ」

自覚がないのであまり響かないが、泥沼劇にハマってから言われて気づくことが多い。

♠ 恋愛がうまくいくアドバイス

ちょっと我慢することを覚えましょう。まずは避妊をしてください。

歳を重ねたらわかることが多いでしょうね。でも、若気の至りでは済みませんよ。

一度、本気で自分のしあわせについて考えてみては?

♠ 相性がいい相手

完熟夫人

⇒もっといい男性と出会えると思い続けて、年齢を重ねてしまった女性。

♠ このタイプの人にありがちな背景、環境、過去

中学・高校時代にモテなかった過去がある。童貞卒業が遅かった。ヤッタ=勝った、と思いがち。そのあとのことを考えていない。育った家庭が複雑な場合がある。地方から上京してきた。

ロンパ男子

♠ 特 徴 ♠

論破が美徳の男性。口から生まれたような人。女性が何の話に興味があるのか、まったく気にしていない。

なぜならば

♠ 職業、生息地

六本木のバー
高級焼肉店

♠ 口グセ

「しかしながら」
「なぜならば」
「〜なのである」

♠ 陥りがちな症状

逃げられる、不機嫌にさせる、あくびをされる。あまりに自分本位の話を延々と続け、まわりに女性がいなくなる。気がつけば、闘争心のある脂ぎったロンパおじさんばかり。

♠ 喜ばせポイント

「すごいね!」「勉強になる」などとほめられて、ますます調子に乗ってしまう。

♠ 禁句

「いまの政権についてどう思う?」「日本経済どう思う?」と話題を振ったら最後。話が止まらなくなってしまう。

「つまらない男だな」と言われると、苦しまぎれに論破してくる。

♠ 恋愛がうまくいくアドバイス

女性は問題解決を求めてはいません。女性誌のQ&Aを読んで、女心に共感することを学びましょう。

自分の都合を優先させてばかりでは、恋愛はうまくいきません。相手の話にも耳を傾けることが大切です。まわりの人がどんな気持ちなのか、考えて接する練習をしましょう。

♠ 相性がいい相手

リベロ女子

⇒いつも受け手の女性。

　バレーボールでレシーブ専門(リベロ)の例え。

♠ このタイプの人にありがちな背景、環境、過去

男性同士でよく語る環境にいる。女性にも問題解決するように語ってしまう。

ノウハウ本ばかり読んでいる。一度気になると、気持ちの切り替えができなくなる。相手の気持ちに気づきにくい。子どもの頃からこだわりが強い傾向にある。

ドリブル男子

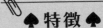

♠特徴♠

自分の話ばかり
で会話のパスを
回さない。ガツ
ガツ系。人の話
はどうでもいい
と思っている。

♠ 職業、生息地

安い焼き鳥屋
たこ焼き屋
道頓堀

♠ ログセ

「それからな」
「聞いて、聞いて！」
「そうなんだ。それはそうと…！」
「どうもーーー！」（登場するときにかならず言う）
「なんでやねん！」（自分ツッコミ）

♠ 陥りがちな症状

恋愛対象外が増える。ウケ狙いで言ったことも、まわりが引いてしまい笑ってもらえなくなる。しまいには自分で笑うしかなくなり、さらに寒い。

♠ 喜ばせポイント

「おもしろいな！　吉本に入ったらいいのに」は最高のほめ言葉。大喜びでテンションMAX。

♠ 禁句

「よくしゃべるね、うるさいよ」「いったん、黙ってくれない？」という無理な注文に、さらに勢いを増して反撃してくる。

♠ 恋愛がうまくいくアドバイス

もっと人の話を聞きましょう。相手にも話を振ってみてください。
女性は話を聞いてくれる人のことが好きです。相手が何に興味を持っているのか知ることで、あなた自身の話の幅も広がります。ぜひ、相手が楽しんでいるかどうかという視点で、話をしてみてください。

♠ 相性がいい相手

無キュン子
⇒ドキドキできない、恋愛感情を忘れてしまった女性。

♠ このタイプの人にありがちな背景、環境、過去

芸人に憧れている、エセ芸人。薄っぺらくお笑いをかじっている人に多い。ノリはいいがオチは甘い。関西方面に住んでいたことがある。大阪が大好き。「アホ」という言葉を、ほめ言葉だと思っている。

永久ピーターパン

大人になんか
なりたくない♪

♠ 特徴 ♠

「大人になりたくない」を
中年まで引きずっている。
不思議な雰囲気のおじ
さんだが、人はいい。

♠ 職業、生息地

高円寺
チェーン店居酒屋
映画館

♠ 口グセ

「ボクには夢がある」
「夢っていいよな」
「いつか飛べるかも」

♠ 陥りがちな症状

ヒモ生活、誰かの寄生虫になりがち。何かの粉をふりかけたら飛べる
のではないかと、じつは本気で思っている。衣類がヨレていたり、靴下
に穴が開いていたり、生活臭がもれ出てしまう。人がよく優しいが、責
任が伴うと逃げ腰になる。

♠ 喜ばせポイント

「夢は叶う!」「あなたを見ていると勇気が出る」と言われることで、励まされている。

♠ 禁句

「才能ないよ」「現実見ろよ」「生活が心配…」などというひと言に、ハッとしてシュンとなる。

♠ 恋愛がうまくいくアドバイス

期限を決めて夢実現に挑戦してみる方法もありますよ。
夢もいいけれど、生活は安定させましょうね。そのバランスをとることを意識すると、あなたが持ち合わせている子ども心と優しさが、いい形で表に出てきそう。そこに惹かれる女性がいるかもしれませんよ。責任を感じることから逃げないことがポイントです。親やご先祖様に感謝の気持ちを忘れずに。

♠ 相性がいい相手

ダメ男好き女子
⇒あんな男のどこがいいの? と言われてもハマる女性のこと。

♠ このタイプの人にありがちな背景、環境、過去

親からの愛情をたっぷり受けて育っている人に多い。親に理解があり、「何言ってるの!?」と否定されずに育つ。子どもの頃から、親にいろいろな本を読んでもらうことが多く、空想力が豊か。一見、不思議な雰囲気のため、会社によって合う場合と合わない場合がある。

エセジョブズ

エビデンスは、―

ガバナンスは、―

♠ 特 徴 ♠

スティーブ・ジョブズを
マネて、カッコつけて
しゃべる男。
難しい言葉を多く使い、
知的に見せようとする。

♠ 職業、生息地

士業

コンサル

IT系

♠ ログセ

「エビデンスは？」

「ガバナンスは、～」

「わたしの見解では…」

♠ 陥りがちな症状

女性から無視される。パワハラ、モラハラ。

難しい話が多いので、近寄りがたいと思われてしまう。

息抜きをするのが苦手。スキがないように見える。恋愛経験は多くな
いので、女性を前にすると緊張して手汗をかいてしまう。

♠ 喜ばせポイント

「知的ですね!」「何でも知ってるんですね!」とほめられて喜ぶ。顔色を変えないが口元はゆるんでしまう。

♠ 禁句

「難しい」「わかりにくいよ」というひと言には、ため息をついてどう話したらいいか悩む。

♠ 恋愛がうまくいくアドバイス

女性が好きな本にもっと興味を持ちましょう。小学生でもわかるように話すことを心がけるといいですよ。

相手に合わせた話し方ができると、あなたの知性がさらに光ります。女性から一目置かれ、会話も弾むでしょう。

♠ 相性がいい相手

過謙虚ちゃん

⇒かわいいのに自己肯定感が低すぎる女性。

リベロ女子

⇒いつも受け手の女性。バレーボールでレシーブ専門(リベロ)の例え。

♠ このタイプの人にありがちな背景、環境、過去

いろいろなセミナーに顔を出す、セミナージプシー。

ネットワークビジネスをしたり、情報商材を買いがち。若くして社長になった人が多い。

子どもの頃から読書家で、親子ともども高学歴。下着はブリーフ派。

エモロス男子

べつに。

♠ 特 徴 ♠

エモーショナルにならず、感情を出さないおもしろ味のない男。何を考えているのかわかりにくいため、女性が近寄りづらい。

♠ 職業、生息地

介護士
看護師
本屋

♠ ログセ

「退屈ですか？」
「べつに」
「そうですか…」

♠ 陥りがちな症状

友だち以上恋人未満の関係。一緒にいても盛り上がるわけでもなく飽きられてしまうため、だんだん連絡が途絶えてしまう。自分からはあまりアクションを起こさない。

♠ 喜ばせポイント

「優しい人、好きです」「穏やかそうでいいですね」と、いいことを言われて「そうですか」とちょっぴり喜ぶ。

♠ 禁句

「男らしい男性がいいです」「何を考えているかわからない」「つまらない」などという言葉には、「そんなことを言われても…」と、あきらめの境地に陥る。

♠ 恋愛がうまくいくアドバイス

感動する映画を観たり、お笑いを見に行きましょう。

秋山剛のTikTokをフォローしてみてください。参考になることが盛りだくさんです。

楽しかったら笑う、悲しくなったら泣く。自分の感情の動きを意識して過ごすのがおすすめです。

自然に感情があふれるあなたを、魅力的に思う女性が身近にいるかもしれませんよ。

♠ 相性がいい相手

無キュン子

⇒ドキドキできない、恋愛感情を忘れてしまった女性。

♠ このタイプの人にありがちな背景、環境、過去

女性ばかりの職場で働き、女きょうだいのなかで育つなど、男性らしさが失われる環境。

両親がもの静かで表情が乏しい。色白の肥満体質で、スポーツをしない人に多い。若干、日光アレルギー。

モンスター彼氏（モンカレ）

♠ 特 徴 ♠

あおり運転をするような男性。べらんめぇ口調で声が大きい。

オイ！

コラーっ！！

♠ 職業、生息地

建築現場

道端

♠ ログセ

「殺すぞ」

「オイ、コラ！」

「テメェ！」

「っざけんなよ！」

♠ 陥りがちな症状

傷害事件、あおり運転。車やバイクの運転が荒い。タトゥーを入れている場合が多い。

気が短い。すぐにキレる。改造車に乗っている。

♠ 喜ばせポイント

「強そうですね!」「男らしいですね!」「力持ち♡」など、男としてほめられるとデレデレする。

♠ 禁句

「ほんとはビビりなんでしょ?」「何がさみしいの?」など、心の奥底に触れるようなことを言われると、「関係ねぇだろ!」と暴言を吐き、そのあとひとり遠くを見つめる。

♠ 恋愛がうまくいくアドバイス

高圧的な態度は嫌がられますよ。

お医者さんに診てもらったほうがいいかもしれませんね。

女性と会うときは、できるだけ優しい口調を心がけましょう。最初は照れくさいかもしれませんが、そんなあなたもかわいいですよ。人の話を静かに聞くだけでも、その姿にグッとくる女性がいるかも。人の気持ちを大切に。

♠ 相性がいい相手

スカイダイビング女子

⇒バンジージャンプ女子より、さらに危険な恋愛を好む女子。

♠ このタイプの人にありがちな背景、環境、過去

父親がモンスターペアレント(モン父)なケース。

虐待を受けている場合や、逆に過保護で何でも許されていることもある。

社会でかなりストレスを感じている人が多く、思春期は盗んだバイクで走り出し、窓ガラスを割っていた。じつは涙もろい一面もある。

マザコン男（隠れ冬彦）

♠ 特 徴 ♠

過保護に育ったメンズ。マザコン。オタク。大事なことは、ひとりで何も決められない。女性に母親を重ねてしまう。

♠ 職業、生息地

実家
二代目社長
自分の部屋

♠ ログセ

「だって」
「でも」
「わからない」
「ボクのせいじゃないよ」

だって
おかあさんが…

♠ 陥りがちな症状

パラサイトシングル。自分で決断ができず、母親に意見を求める。責任を感じることからは、そっと距離を置く。プライドが高く、批判されると子どものように癇癪を起こす。女性に対しては、何でもしてくれて当たり前だと思っている。

♠ 喜ばせポイント

「親孝行ですね」「優しいおかあさんですね」の言葉に嬉しくなる。

♠ 禁句

おかあさんの文句。

「自立しなさい」の一言にプライドをキズつけられ、逆ギレする。

♠ 恋愛がうまくいくアドバイス

いつまでも頼っていないで、親を支えてあげてください。

親はいつまでも生きていないので、彼女の味方になるくらいでちょう
どいいのです。

自分のことは自分ですることから始めてみては？

女性と出会う機会は、お見合いがおすすめです。

♠ 相性がいい相手

ドラミさん

⇒ドラえもんのように甘やかさず、まず解決に意識を向けさせ、道具
　はなかなか出さない。アゲマン。

♠ このタイプの人にありがちな背景、環境、過去

父親が不在がちの家庭で育つ。

母親が、本来父親にすべきケアを子どもにしてしまう。母親になんで
もやってもらって、甘やかされて育った。自分で考えて決断する意識
がない。

サムライ亭主

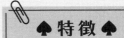

メシ、まだー？

♠ 特 徴 ♠

絶滅危惧種の亭主関白。女性に対して命令口調で批判的な言い方が多い。

♠ 職業、生息地

食卓

風呂

仕事

古道具屋

♠ ログセ

「メシ、まだ？」

「女のくせに」

「養ってるんだぞ」

「女性は会議が長い」

♠ 陥りがちな症状

「実家に帰らせていただきます」と妻から突きつけられる。家事の手伝

いなどはもちろんのこと、自分のことも自分でしない。食事は出てきて当たり前、お風呂はいつでも入ることができるものと思っている。プライドが高く、責められると逆ギレする。

♠ 喜ばせポイント

「尊敬されていますね」「男らしいですね」などという言葉に、威厳が保たれ機嫌がよくなる。

♠ 禁句

「その考えは古いですよ」「もう令和ですよ！」という言葉をかけられると、プライドがキズつき逆ギレして暴れる。

♠ 恋愛がうまくいくアドバイス

昭和の考え方はもう変えましょう。

熟年離婚を言い渡されてしまいますよ。

少しくらい自分のことは自分でするようにしてください。

女性はあなたの召し使いではありません。わからないことは「教えて」と言うくらい、素直になってみてはいかがでしょうか。

♠ 相性がいい相手

古き良き子

⇒亭主に気をつかいすぎる。

♠ このタイプの人にありがちな背景、環境、過去

父親がまさにこのタイプで、親の影響を受けている。長年の家庭環境が染み付いていて、なかなか価値観を変えられない。切り替えが苦手で、頭が固い。

半透明亭主

♠ 特 徴 ♠

酸素のような存在で、必要だけど存在感の薄い亭主。穏やかで優しいが、奥さんや子どもから存在を忘れられてしまう。

生きてはいるよ…。

♠ 職業、生息地

家と会社の往復
リビングのソファー

♠ 口グセ

「ただいま」
「行ってきます」
「ボクもいるよ」

♠ 陥りがちな症状

家に帰りたくない症状から、ホステスと不倫。奥さんにバレて修羅場になったことがある。いるのかいないのかわからない状態が、当たり前になっている。

♠ 喜ばせポイント

「いつもがんばっていますね!」「ありがとう」などのひと言に、存在を認めてもらえたようで嬉しくなる。

♠ 禁句

「何の役にも立ってないよ」「あ、いたの?」などという言葉に、ショックでさらに影が薄くなる。

♠ 恋愛がうまくいくアドバイス

奥さんのしてくれていることに感謝することから始めましょう。

一生懸命ペットの世話をして、家庭内での地位を上げましょう。

自分の得意なこと、できることを活かして、率先して役に立つことをしてみるといいですね。

喜ばれることが見つかると、家族から見直されるきっかけになりますよ。

♠ 相性がいい相手

冷戦ワイフ

⇒中国とアメリカのような冷戦状態の妻。冷戦夫婦の子ども、抑止力キッズがいる。

♠ このタイプの人にありがちな背景、環境、過去

子育ての時期に仕事が忙しく、子どもに関われなかった背景がある。子どもが大きくなってからも奥さんに言われ、肩身の狭い思いをしている。父親も同じように仕事が忙しく、あまり家にいなかった。

オンラインジゴロ

♠ 特徴 ♠

マッチングアプリにめっぽう強い男性。イケメン、身体目的の遊び人。
複数のアプリに登録して、巧みに使いこなしている。

♠ 職業、生息地

マッチングアプリ
マッチングした女性との待ち合わせ場所

♠ ログセ

「アプリなんてやり放題ですよ」
「チョロい、チョロい♪」
「イイネ!」

♠ 陥りがちな症状

性病にかかる。妊娠させてしまう。痛い目を見ても、時間が経つと忘れてしまう。
目先の楽しさを優先して、あとのことを考えていない。

♠ 喜ばせポイント

「モテモテですね」「イイネ！ の数がすごいね」という言葉に、さらに調子に乗る。

♠ 禁句

「○○くんのほうがモテモテですね」などと言われて意地になり、負けじとイイネ！ しまくる。

♠ 恋愛がうまくいくアドバイス

ひとりの女性をしあわせにしましょう。

遊んでばかりいるとバチが当たって、オンライン悪女により痛い目に遭いますよ！

そろそろ本気で将来を考えてみてはいかがでしょうか。

何でも話せる友だちに相談してみるのもいいかもしれません。客観的な意見にも耳を傾けてみて。

♠ 相性がいい相手

バーゲン女子

⇒嫌われるのが嫌で、すぐ身体を許してしまう女性。

♠ このタイプの人にありがちな背景、環境、過去

ギャンブルと同じで、最初のオンラインでの出会いがうまくいったことからハマっていくケース。

ギャンブル好き、釣り好きに多い。一か八かのことに燃える性分。

まわりが見えなくなると大変。正論を言ってくれる存在が必要。

存在感なし男

♠ 特 徴 ♠

「あれ、いたの?」と
いつも思われる男性。
いい人だけれど、お
となしめ。
なかなか存在に気づ
かれなくても、意外
と本人は楽しんでい
る。

♠ 職業、生息地

人の輪の外側
公園

♠ ログセ

「え…、ずっといましたよ」
「すごく楽しいですよ」
「大丈夫です」

♠ 陥りがちな症状

半透明亭主予備軍。最初からその場にいても、最後まで気づかれない
こともある。存在感はないが、嫌な印象も与えない。それゆえに印象に
残らない。

♠ 喜ばせポイント

「一緒に話しましょう」「ここ空いてますよ！」「こっちこっち！」などと、輪に入れてもらえるととても喜ぶ。

♠ 禁句

「え、いたの？ 存在感、薄いね」「あ、気づかなかった」と言われると、いつものことながら少し落ち込む。

♠ 恋愛がうまくいくアドバイス

勇気を出して、少しだけ自分を出してみましょう。とりあえず、声を張りましょう！

気になる人には、挨拶からでもいいので声をかけてみて。まずは、存在に気づいてもらうこと。少しずつ相手の好きなことを聞いてみるなど、言葉を交わす機会をつくると進展があるかも。

♠ 相性がいい相手

マヨネーズ女子

⇒野菜やフライ、どんな料理にも合い、その料理の味も邪魔しないマヨネーズ。モテる女性の例え。

♠ このタイプの人にありがちな背景、環境、過去

母親がおしゃべりで存在感が大きい（PTA役員）。

子どもの会話を奪う母親に育てられる。一応、言われたことはできるため、あまりかまってもらえなかった。輪の外で養われた観察力を活かし、学生時代は俳句部で意外な才能を発揮していた。

一桁フォロワー男子

べつに、人気とか求めていないんで

フォロワー
3

ポツン…。

♠ 特 徴 ♠

SNSのフォロワーが一桁。自分を極端に表現できない男性。
自分から発信することも少ない。

♠ 職業、生息地

TikTok内
YouTube内
マッチングアプリ（顔写真なし）

♠ ログセ

「別に人気とか求めてないんで」
「目立たなくてもいいんで」
「個人情報が心配なんで」

♠ 陥りがちな症状

アンチコメントを書いて通報される。人とコミュニケーションをとりたい気持ちもあるが、たまに書いたコメントに突っ込まれて発信恐怖症になる。

♠ 喜ばせポイント

「知的ですね」「物知りですね」などとめずらしくほめられると喜ぶ。
「あなたの投稿、見てみたいな!」というひと言には、励まされて嬉しく
なるが勇気が出ない。

♠ 禁句

「存在感ゼロだね」と言われると、自覚はあるが、キズつく。
「やることが裏目に出るね」というひと言には、落ち込んでため息が出
る。

♠ 恋愛がうまくいくアドバイス

自分が発信者になりましょう。見える景色が変わりますよ。
TikTok講座を受講してみるのもおすすめです。気になる相手の投稿
に「イイネ!」することもポイント。コメントを残せたらベストですね。
自分から行動する意識を大切に。思いも寄らない楽しいことが増えそ
うです。

♠ 相性がいい相手

みつを女子
⇒相田みつをの言葉のように、的を射た言葉を言える女子。

♠ このタイプの人にありがちな背景、環境、過去

友だちにジャイアンタイプがいて、目立たないように生きてきた過去
がある。世間に自分を表現することをあきらめている。そもそも発信
している人のSNSを見ていない。
親が事業に失敗した経験がある。

かかっていませんか？
恋愛生活習慣病　〜男性編〜

あなたも知らないうちにかかっていませんか？　放っておくと、
こわ〜い病。

1　継続不能型相互理解障害
　　LINE が続かず、デート 2 〜 3 回目以降、女性と進展できない男性の病。

2　自己中心型アピール症候群
　　自分の趣味・仕事の話ばかりで女性の話を聞かない男性がかかりやすい疾患。

3　慢心性自己誇大性
　　自慢話、成功している知り合いの話ばかりして、実際の自分より大きく見せようとする痛々しい病。

4　慢性ラブアフェア症候群
　　すぐ浮気をして、複数の女性と関係を持ちたがるやんちゃ男子の習慣病。

5　視線回避型トーク不全
　　女性の目を見て話せない、女性との会話が極めて苦手な男性ならではの疾病。

6 責任回避性先送り症候群

結婚の話になると逃げる。結婚の覚悟をいつまでもしない男
性が陥りがちな重い病。

7 非傾聴型ロジカル症候群

女性の話を聞かず、なんでもアドバイスしようとするうっっ
うしい難病。

8 ドリーム性足元視野欠損

売れないミュージシャンのように、自分の夢ばかり追う男性
がわずらう、つらい病。

9 非情緒性クソ真面目シンドローム

理屈っぽく、ドラマのビジネスシーンに出てくるセリフのよ
うな話し方をする男性に多くみられる切ない疾患。

10 豹変型モンスター症候群

暴言を吐いたり、暴力を振るったりする、男性の病のなかで
もっとも危険な症状。

11 逆コナン性乳離れ不全

おかあさんの言うことばかり聞いている、悲しきマザコンが
かかる慢性疾患。

あなたの楽しい恋愛を応援しています。気をつけて、お大事に♪

アーカイブ男子

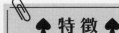

♠ 特 徴 ♠

別れた彼女をいったん別ファイルに保存しておく男性。ときどき見返しては、どうしているかなと過去ばかり振り返り、なかなか前に進もうとしない。

♠ 職業、生息地

自分の部屋の机の前
思い出の場所

♠ ログセ

「もしかしたら…♡」
「万がー」
「何があるかわからない」
「念のため…」

♠ 陥りがちな症状

ストーカーと勘違いされて、相手の彼氏に怒られる。つい昔の彼女に

連絡してしまいそうになる。過去にばかりとらわれて、新しいことにチャレンジする気になれない。楽しそうな誘いがあっても、気が乗らずに断ってしまう。

♠ 喜ばせポイント

相手の「まだ好きかも」という言葉に、一瞬ときめいて期待してしまう。「データの管理が上手ですね」とほめられ、そこは得意だと自信を持つ。

♠ 禁句

「しつこい男！」「未練がましい！」と言われて、気持ちが切り替えられずにひざを抱えてしまう。

♠ 恋愛がうまくいくアドバイス

女性は男性と違って、「記憶は上書き保存」ですよ。すでに忘れられているので、復縁の確率は低いでしょう。過去は過去と気持ちを切り替えて、新たな出会いに目を向けてみて。一歩踏み出すと見える景色が変わりますよ。

♠ 相性がいい相手

長すぎた春子
⇒ひとりの男性と長く付き合って別れ、婚期を逃した女性。

♠ このタイプの人にありがちな背景、環境、過去

過去の成功事例が忘れられない。
過去より、いまの自分に自信があるタイプ。
親に失敗したことをいつまでもネチネチ言われて育った。新しい場所に出かけたり、未経験のことをしてみる意識が少ない。

ジャパニーズビジネスマン

♠ 特徴 ♠

仕事優先を全面に出してくる男性。
目の前のことに集中しすぎて、ま
わりが見えていない。

24時間、闘います!!

♠ 職業、生息地

会社で遅くまで残業

終電

深夜の牛丼屋

コンビニ

♠ ログセ

「スケジュールが…」

「忙しいので!」

「まだまだイケる!」(呪文)

「がんばれ、俺!」(ひとり言)

♠ 陥りがちな症状

過労、ストレス。

一生懸命になるあまり、視野が狭くなってまわりが見えなくなってし
まう。

まわりの人が近寄りがたい雰囲気満載。

疲れがたまりすぎていて、じつは仕事の効率が悪い。

仕事以外のことをするのに、過度の罪悪感を感じる。

♠ 喜ばせポイント

「責任感がすごいですね」「がんばり屋さんですね」などという言葉を
かけられると、さらにやる気がみなぎる。

♠ 禁句

「要領が悪いんじゃないですか？」「まだ終わらないの？」などのひと言
には、ブチ切れて書類の山が散乱する。

♠ 恋愛がうまくいくアドバイス

オンとオフを分けて、リフレッシュしましょう。重症ですよ！

仕事も大事ですが、それだけではあまりにももったいない。

恋をしましょう！　人を好きになりましょう！

いまよりもっといい仕事ができるようになります。息抜きも仕事のう
ちと思って、まずは身近にいる女性に話しかけてみたり、女性のいる
場所に出かけてみてください。

きっと、視野が広がって楽しみが増えますよ。

♠ 相性がいい相手

イノシシ女子

⇒結婚に焦ってまわりが見えなくなり、余裕がない女性。

♠ このタイプの人にありがちな背景、環境、過去

学歴コンプレックスを持っている。体育会系出身者に多い。子どもの頃、
複数の塾に通っていて、いつもスケジュールがいっぱいだった。ほと
んど遊んでいないため、遊びの楽しさを忘れてしまった。

ベニッシモ男子

♠ 特徴 ♠

女性をほめまくる男性。ベニッシモ＝イタリア語でベリーグッドの意味。明るく陽気なタイプ。

女優さんかと思った〜

すごくタイプ♡

♠ 職業、生息地

街中
ワインのソムリエ
合コン
パーティー

♠ ログセ

「モデルやってる？」
「女優さんかと思った」
「すごくタイプ♡」
「かわいいね！」
「その服、似合うよ！」

♠ 陥りがちな症状

女性からストーカーされる。逆恨みされることも少なくない。言葉が巧みで軽いと思われ、敬遠されてしまうこともある。陽気すぎて、まわりとの温度差に若干引かれる。

♠ 喜ばせポイント

「元気になります！」「あなたといると楽しいわ」という言葉に、とても嬉しくなる。

♠ 禁句

「八方美人だね」「それ、本心ですか？」「軽いね」などのひと言には、「そんなつもりはないのに…」とちょっぴり落ち込む。

♠ 恋愛がうまくいくアドバイス

勘違いさせて、その気にさせないように気をつけてくださいね。
気になる女性には、自分の弱みもオープンに。あなたの正直な姿に、一気に距離が縮まりそう。

♠ 相性がいい相手

すべての女性。

♠ このタイプの人にありがちな背景、環境、過去

育ちのいいタイプ。ほめられて育ち、優秀。挫折が少ない。人に恵まれている。根が明るく、誤解されることもあるが悪気はない。両親の仲がいい。マザコン気味。

トリートメント男子

いつも
味方だよ♡

♠ 職業、生息地

美容系
バーテンダー

♠ ログセ

「心配ないよ」
「元気出して」
「そばにいるよ」
「いつも味方だよ」

♠ 陥りがちな症状

女性に勘違いされ、ストーカーされる。プレゼント攻撃にあう。貢がれる。本命の女性に気持ちが伝わりにくい。

♠ 喜ばせポイント

「癒されます♡」「優しいのね」「あなたといると安心する」などという言葉に嬉しくなり、ますます優しくなる。

♠ 禁句

「なんだかウソっぽい」「誰にでも言っていない？」というひと言には、誤解されたと悲しくなる。

♠ 恋愛がうまくいくアドバイス

惚れやすい女性には気をつけましょう。相手をキズつけずに距離を置く言葉や態度も、身につけておくこと。本命の話にはしっかり耳を傾けて。ほかの女性との違いをわかりやすく示すと、進展が早まりそう。

♠ 相性がいい相手

過謙虚ちゃん
⇒かわいいのに自己肯定感が低すぎる女性。

♠ このタイプの人にありがちな背景、環境、過去

育ちがよく、心優しい男性に成長。
野球で例えるならキャッチャーの立ち位置。
まわりの大人から、ほめられて応援されながら育った。

ピンポン男子

会話のラリー、バツグン!!

「いいね!!」
「それで?」
「そうなんだ!!」

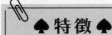

♠特徴♠

気づかいのできる男性。ラリーが続く。相手の気持ちを汲み取るのがうまい。

♣ 職業、生息地

営業職
講師
コミュニティー

♠ ログセ

「それで?」
「いいね!」
「そうなんだ!」
「共感するよ」

♠ 陥りがちな症状

会話が続きすぎる。どう切り上げていいか、困ってしまうことがある。
自分に興味があると勘違いした女性に、しつこく言い寄られる。

♠ 喜ばせポイント

「会話上手だね！」「頭がキレるね！」とほめられると、嬉しくて会話が弾む。

「話を聞いてもらえて嬉しい」というひと言には、喜んでもらえて嬉しい気持ちになる。

♠ 禁句

「よくしゃべるね」「うわべの会話ですね」などと言われると、キズついて少し会話を控える。

♠ 恋愛がうまくいくアドバイス

そのままがんばってください。

あなたとの会話に救われている女性がいるでしょう。

変わらず相手の気持ちを大切に、誠実なあなたでいてください。

きっと、いい人とめぐり会えますよ。会話が長くなりすぎて、あなた自身が疲れてしまわないように気をつけて。

♠ 相性がいい相手

鉄ガード女子

⇒初対面の男性に遊ばれないか、やたら警戒しすぎる女性。

♠ このタイプの人にありがちな背景、環境、過去

多くのグループ活動をしている。人と接することが基本的に多い。大人に囲まれた環境で育つ。

たくさんほめられて、肯定されて育った。人のことが好き。学生時代は、生徒会長で人気者だった。

ひとりハンター

♠ 特　徴 ♠

気楽な場に本気で挑む、空気の読めない男性。
思い込んだら目の前のことしか見えない。

場違いだよ…。

狙いすぎ…。

♠ 職業、生息地

市役所勤務

公務員

ゲームセンター

♠ ログセ

（まわりの人から）「場違いだよ…」「狙いすぎ…」

「本気です」

「狙った獲物は逃しません」

「前進！」

♠ 陥りがちな症状

友だちをなくす。悪口を言われる。空気を読めず、いつでも本気。相手が疲れて、人が離れていってしまう。思い込みが激しい。視野が狭く、頭が固い。一生懸命という意味を取り違えている。

♠ 喜ばせポイント

「がんばってますね！」「気合が入っていますね」と言われると、受け入れてもらえたようで、気分が上がる。

♠ 禁句

「あなたKYですよ」「まわりをよく見て」などと言われても、意味がわからず余計に頑なになる。

♠ 恋愛がうまくいくアドバイス

進展を焦らず、急がず、まわりの状況をよく見てくださいね。人の意見にも耳を傾けてみてください。的を得たことを言ってくれていることも多いですよ。

服装を変えてみるのもおすすめです。さわやかさを取り入れると、女性から好評かも。

♠ 相性がいい相手

コロナで焦り姫

⇒コロナ自粛で、ひとりに不安を感じて、焦って婚活を始めた女性。

♠ このタイプの人にありがちな背景、環境、過去

子どもの頃からピッチャー担当（＝自分のためにみんなが守ってくれる）。両親ともに真面目。進学は、小学校から大学までエスカレーター式。

軽自動車レーシング男子

ここ、サーキットだよ…？

オレは勝つ!!

♠ 特 徴 ♠

軽自動車でF1に出ようとするような無謀な男性。
自分のレベルより高い女性を狙う男性。

♠ 職業、生息地

工場勤務
地元の定食屋

♠ ログセ

「オレは勝つ！」
「よ〜し！ やるぞ〜！」
「行っちゃえ！ 行っちゃえ！」

♠ 陥りがちな症状

婚活迷子状態。状況を読めず、まわりの人が引いていく。本人はやる気満々。気持ちばかりが先走ってしまい、身の丈に合っていない。現実と理想にズレがある。能天気。カッコいいもの、スピードのあるものなど、手の届かないものに憧れがち。

♠ 喜ばせポイント

「お似合いですよ」「素敵ですね」などとほめられて、調子に乗ってハメを外す。

♠ 禁句

「場違いだよ」「身の程を知れ」といった言葉に、「そんなことないよ！」と逆ギレ。

♠ 恋愛がうまくいくアドバイス

相手も男性の条件は見ていますよ。

いろいろな女性と会ってみてくださいね。

現実的に自分のことを把握することが大事です。ノリや勢いだけでは、うまくいきません。

どうなりたいのかを具体的にイメージして、そうなるための行動をしてみてください。

しあわせへの近道になります。

♠ 相性がいい相手

恋愛グロッキー女子

⇒婚活がうまくいかない状況が続いて、疲れている女性。

♠ このタイプの人にありがちな背景、環境、過去

過保護に育てられてきた幼少時代。恋愛経験なし。アニメやアイドルが好き。子どもの頃から空想好き。まわりに守られて、ノリと勢いだけでここまで来た。

執事男子

何なりと
お申しつけください。

♠ 特 徴 ♠

マメで洞察力のある男性。気配り上手。
言動が穏やかで丁寧。

♠ 職業、生息地

百貨店の社員
バレーボールの監督
ホテルマン

♠ 口グセ

「おかげで元気が出てきたよ」
「いつもありがとう」
「お困りですか?」
「君ならできる!」

♠ 陥りがちな症状

不倫。のめり込んでしまうと、泥沼にハマる。女性のもめごとに手を焼くことがある。疲れすぎると、判断を誤ってしまいがち。

♠ 喜ばせポイント

「女性の心理、お見通しですね！」「ありがとう」「元気が出ます」。このような言葉を真摯に受け止め、励みにする。

♠ 禁句

「誰にでもいい顔をする人ですね」などの心ない言葉に悲しくなり、ひとりバーで飲みたくなる。

♠ 恋愛がうまくいくアドバイス

女性に手を出す前は、しっかりあとのことも考えましょう。あなたのなかの芯がブレないことが大切です。あなたが大切にしたいことと、似た価値観の人との縁を大事にしてください。

♠ 相性がいい相手

すべての女性。

♠ このタイプの人にありがちな背景、環境、過去

女性ばかりの職場の管理職を務めている。威厳があり誠実な父親、優しく大らかな母親に育てられた。学生時代は、体育会系で活躍していた。

エアークリーナー男子

あぁ〜
いい空気!!

♠ 特 徴 ♠

空気清浄機のように、場の
空気をよくする男性。さわ
やかで気持ちのいい人。

♠ 職業、生息地

スポーツクラブ
スポーツインストラクター

♠ ログセ

「楽しいね!」
「いいね!」
「あ〜、気持ちいい!」
「リフレッシュしよう!」

♠ 陥りがちな症状

女性に勘違いされる。広く浅い付き合いになりがち。
人がいいあまりに、騙されたり裏切られることがある。

♠ 喜ばせポイント

「さわやかですね！」「君がいると場の空気がよくなるね」と言われると、素直に嬉しくなる。

♠ 禁句

「放っておいてください、余計なお世話です」などと言う人とは、嫌な気分になるのでそっと距離を置く。

♠ 恋愛がうまくいくアドバイス

楽しい場づくり、お疲れさまです。あなたの空気感の心地よさに、惹かれる女性がたくさんいますよ。一緒にいて、あなたも心地いいと感じることがポイントです。そんな女性に出会ったら、ぜひ声をかけてみて。楽しいひとときから進展がありそう。

♠ 相性がいい相手

カワイ子ちゃん

⇒30年前の死語のカワイ子ちゃん。男性に関心を持たれる愛嬌たっぷりの女性。

♠ このタイプの人にありがちな背景、環境、過去

礼儀の教育もしっかりされていて親切。

人を疑わないので、他人の悪意に気づかない。明るく誠実な両親に何不自由なく育てられた。

学生時代からスポーツが得意で人気者だった。呼吸が深く健康的。

カミカレ

♠ 特徴 ♠

神のように完璧な彼氏。
人の喜びのために尽くす
ことをしあわせに感じる。
人としての器が大きい。

カンペキな彼

♠ 職業、生息地

コミュニティのリーダー
自然食レストラン

♠ ログセ

「感謝しています」
「応援させてください」
「それ、あなたのいいところですね!」
「素晴らしい!」

♠ 陥りがちな症状

言うことがない。男性の嫉妬を受け、女性同士の間で取り合いになる。
複数の女性から迫られるが、問題のある人も受け入れてしまう。

♠ 喜ばせポイント

「おかげさまです」「いつもありがとうございます」「勉強になります」
などの言葉に、しあわせを感じる。

♠ 禁句

「偽善者っぽい」「いい人ぶってる」などという心ない言葉に、さみし
い気持ちになる。

♠ 恋愛がうまくいくアドバイス

言うことがありません。そのままのあなたでいてください。

あなたの言動で救われている人がたくさんいます。

あなた自身が「救われる」と感じる女性は誰ですか？ 思い当たる人が
いたら、個別に連絡してみると、嬉しい返事をもらえるかも。

♠ 相性がいい相手

トラウマ女子

⇒過去の恋愛のトラウマから、絶対、自分は選ばれないと思い込んで
　いる女性。

♠ このタイプの人にありがちな背景、環境、過去

素晴らしい親から愛を受けて育つか、逆に、若い頃から壮絶な逆境を
乗り越えた経験を持つ。

環境や人のせいにせず、努力を重ね感謝の気持ちで生きてきた。子ど
もの頃からまわりにいい人が集まり、おもしろい連鎖が起こる。

服ダサ男

♠ 特 徴 ♠

ヨレヨレの洋服を着ている。
センスがなく、とにかくダ
サい。
ファッションに興味がない。

♠ 職業、生息地

製造業

日本橋、秋葉原

インターネットカフェ

ゲームセンター

♠ ログセ

「内面を見てください」

「なんでもいいです」

「意外とイケてる？」

「いいんじゃない？」

♠ 陥りがちな症状

まわりの女性にダサがられても気づかない。清潔感がない。柄物と柄物を無意味に合わせがち。衣類にシミがついていても気づかない。上着の背中にリュックサックの跡がついている。

♠ 喜ばせポイント

「思いやりがありますね」「優しそう」という言葉に、有頂天になる。

♠ 禁句

「根本的に自分を変えたら?」「清潔感がゼロだね」と言われて、ふてくされて物に当たる。

♠ 恋愛がうまくいくアドバイス

清潔感は大事ですよ。目の前の人への思いやりです!
女性から人気のある男性のファッションを参考に、マネすることから始めてみましょう。
気分も変わって、あか抜けたあなたに注目する女性が現れるかも。トライしてみて!

♠ 相性がいい相手

カレ依存症候群
⇒彼を軸に生活する彼女。

♠ このタイプの人にありがちな背景、環境、過去

ダサい友だちのグループに所属。注意してくれる人がまわりにいない。子どもの頃からチャレンジ精神や好奇心がない。いつも同じということに安心感を覚える。親が服に無頓着だった。

年下好きおじさん

♠ 特 徴 ♠

40代半ばに多い。顔が大きく三頭身。
つまらないサラリーマン風だが、すぐ年下を希望する。

かわいい子
希望!!

10歳
下でぇ〜

♠ 職業、生息地

事務系サラリーマン
TikTok内
仕事後の飲み屋

♠ ログセ

「かわいい子、希望！」
「10コくらい年下でぇ〜」
「若いっていいね！」
「飲みに行こう！」

♠ 陥りがちな症状

一生独身。勝手な理想ばかり追っていて、現実を見ていない。
夢のようなことばかり言っていて、まわりがどんどん引いていく。
部下に対して横柄な態度をとる。

♠ 喜ばせポイント

「包容力がありますね」という言葉に上機嫌になり、お酒がすすむ。

♠ 禁句

「おやじ」「おっさん」などという受け入れたくない言葉に、機嫌が悪
くなりまわりに八つ当たりする。

♠ 恋愛がうまくいくアドバイス

ちょっとわきまえましょうか。しっかりお金を貯めましょうよ。5歳
下くらいまでがちょうどいいですよ!
お見合いも悪くないです。これも何かの縁だと思って、一歩踏み出し
てみては?

♠ 相性がいい相手

完熟夫人
⇒もっといい男性と出会えると思い続けて、年齢を重ねてしまった女
　性。

♠ このタイプの人にありがちな背景、環境、過去

自信がなく、同年代女性にバカにされている。若い頃に恋愛せずにい
まに至り、恋愛偏差値が低い。親からはお見合いをすすめられているが、
年下をあきらめきれずに気が向かない。

踏みこメン

♠ 特徴 ♠

3回目のデートで進展できない小太り男性。汗っかき。
リュック、おかしなGパンを履き、服はダボついている。

キズつきたくないな…

嫌われたくないな…

3回目デート
2回目デート
1回目デート

付き合って
ください!!

♠ 職業、生息地

電気街
焼肉屋
ゲームセンター

♠ ログセ

「キズつきたくないな」
「嫌われたくないな」
「ドキドキする」
「怖い怖い!」

♠ 陥りがちな症状

万年、友だち以上恋人未満状態。彼女はほしいが、嫌われたくない気持
ちか強すぎて、あと一歩の勇気が出ない。怖がり。ファッションセンス
に欠け、服に対して無頓着。

♠ 喜ばせポイント

「優しいですね」「いつも穏やかですね」などという言葉に、とても喜び照れ笑い。

♠ 禁句

「イライラする」「意気地なし！」と言われると、怒らせてしまったと焦り、怖くなって平謝り。

♠ 恋愛がうまくいくアドバイス

フラれたとしても経験です。勇気を出して！

時間をかけて信頼を構築していきましょう。

トラブルなどに気を取られすぎず、失敗しても次に活かしていけば、それが強みになりますよ。

服装を見直すこともおすすめです。いいなと思う人のファッションを参考に、服を味方につけましょう。一歩ずつ進んでいるのだから大丈夫！　自信を持って！

♠ 相性がいい相手

コロナで焦り姫

⇒コロナ自粛で、ひとりに不安を感じて、焦って婚活を始めた女性。

♠ このタイプの人にありがちな背景、環境、過去

人間関係や職場などでトラブルに巻き込まれた経験があり、トラブルを「怖い」と感じている。

女性に対して嫌われたくないという思いから、積極的になれなくなっている。

親から過保護に育てられた。子どもの頃から小心者。毎日の服を、親が選んで用意してくれていた。

ザ・お見合い男

♠特徴♠

丁寧な切り出し方しかできない。プライドが高く、恥ずかしがり屋。場づくりができない。緊張して汗をかく。

♠職業、生息地

ロビーラウンジ
公務員

♠ログセ

「ご趣味は？」
「好きな食べ物は？」
「素敵ですね」
「そうですか」

♠陥りがちな症状

延々、お見合い連敗続き。嫌われることを恐れて、何も話せなくなってしまう。会話が続かず、お見合いの場の空気が悪くなる。

♠ 喜ばせポイント

「笑顔が素敵ですね!」と言われて嬉しくなり、好きになってしまいそう。
「真面目なんですね」という言葉には、肯定してもらえた気持ちになる。

♠ 禁句

「結婚できないタイプですね」というひと言に落ち込んで、日が暮れる
まで公園の鳩に餌をやる。

♠ 恋愛がうまくいくアドバイス

沈黙を恐れるな!

「沈黙になってしまうんですよね」と伝えて、お互い心を軽くしておく
といいですよ。

大丈夫!　相手も多少はドキドキしているものです。素直に「緊張し
てしまって…」などと言って笑顔を見せたら、場が和むかもしれませ
んよ。

♠ 相性がいい相手

イノシシ女子
⇒結婚に焦ってまわりが見えなくなり、余裕がない女性。

♠ このタイプの人にありがちな背景、環境、過去

生真面目で控えめな性格で生きてきた。

とくに恋愛に関しては、自分に対して極端に自信がない。学生時代、好
きな女の子がいたけれど、ずっと思いを伝えずにいた。親や親戚から
強い圧力を受け、結婚を焦っている。

恋の落ち武者

イケると思います!!

♠ 特徴 ♠

Tシャツをケミカルウォッシュ
ジーンズにイン。ひょろっと
してめがねにリュック。
髪がまるで落ち武者のようで、
紙袋には傘を入れている。

♠ 職業、生息地

ゲーム
アイドルイベント
コミケ(コミックマーケット)
ゲームセンター

♠ ログセ

「イケると思います!」
「サインください」
「並んでます!」

♠ 陥りがちな症状

一生独身。最悪の場合は引きこもり。

地下アイドルにサインしてもらったTシャツを愛用。

「ファンがアイドルと付き合った」というごく稀な話に希望を感じ、淡い期待を抱き続けている。

♠ 喜ばせポイント

「そのゲーム、わたしも好きです」と共感してもらえると、髪を振り乱してハイになる。

「フットワークが軽いですね」という言葉に、嬉しくなって自信を持つ。

♠ 禁句

「オタク」「ネクラ」などというひと言には敏感。ジロリとにらむ。

♠ 恋愛がうまくいくアドバイス

推しの夢の応援もいいけれど、自分自身の夢も持ってみてはどうでしょう。

現実と向き合って、将来のことも考えてくださいね。まずは散髪をして、雑誌などを参考に服装を変えてみましょう。清潔感が第一です。

♠ 相性がいい相手

ゼロコーデ女子

⇒コーディネートしない女性、アンチドレス症候群。

♠ このタイプの人にありがちな背景、環境、過去

思春期に女性から嫌がられた経験から、三次元の女性に嫌悪感を持ち、二次元の女性に恋をする。

アニメの主人公をモデルにしている。親からは、将来を心配されているか、すでに見放されている。

淡泊ん

♠ 特 徴 ♠

年齢が若いのに性的行為に淡白な人。
女性に対して興味が薄く、ときめくことが少ない。

拙者、淡泊で候

♠ 職業、生息地

介護士
近所を散歩
自分の部屋

♠ ログセ

「拙者、淡泊で候」
「何か？」
「それで？」

♠ 陥りがちな症状

女性に浮気される。嫌われることが怖くて、自分からはアクションを起こさない。

女性から迫られると、さりげなくかわしてしまう。セックスレス。

♠ 喜ばせポイント

「心でつながってるわ」「物静かで男らしい」などの言葉に、ホッと安心感を覚える。

♠ 禁句

「それでも男？ 役立たず！」という言葉に嫌われたと思い、深く落ち込む。

「ナニも立たず！」と言われると、キズつきすぎて再起不能。

♠ 恋愛がうまくいくアドバイス

スキンシップから始めてみましょう。嫌われたくないと思っていたら、何も始まりませんよ。

思いきってナンパしてみるのもいいかもしれません。小さなことでもいいので、いままで未経験のことをしてみては？ 新たな世界が広がって、楽しいことが増えるでしょう。

♠ 相性がいい相手

みつを女子
⇒相田みつをの言葉のように、的を射た言葉を言える女性。
バーゲン女子
⇒嫌われるのが嫌で、すぐ身体を許してしまう女性。

♠ このタイプの人にありがちな背景、環境、過去

誰からも嫌われたくないと思っている。
女性に対しても性的色気を出して、嫌われたくない。
家族はほとんど女性。まわりに精力旺盛すぎる男性がいて、「あんなふうになりたくない」と思っている。じつはプライドが高い。

おわりに ....

　本書を最後までお読みいただき、ありがとうございます。

　恋愛では、せっかく努力をしているのに、残念な動きをしてしまう人も大勢います。

　そんな人たちにとって、本書のキャラクターたちが、
「みんないろいろあるけれど、がんばろう」
　という応援歌になれば幸いです。

　恋愛も仕事も、新しい出会いが生まれることで、新しい世界が広がっていきますよ。

　また、自分のタイプを知れば、より自分のよさを出していくことができるようになります。本書では、少し毒舌な解説もあったかもしれませんが、そこはひとつご愛嬌ということで、軽く読み進めてください。

　個性豊かなキャラクターたちを通して、一人ひとりのよさを認め合い、活かし合い、「本当に合う人」と、よりよい関係性を築くきっかけになることを願っています。

　わたし自身は、高校生のときに父になり、結婚もしました。

　そのために、結婚生活が長いことで起こる男女のすれ違いも経験し、家族で乗り越えてきました。

結婚はゴールではなく、スタートです。

一人ひとりが「自分に生まれてよかった」と思えるような、心の
つながりをつくって、最良のパートナーシップを築いていきましょう。

2023年11月　秋山剛

♡ **Present** ♡

あなたの恋愛力がわかる、「恋愛力診断シート」を
プレゼントします！
こちらのQRコードから、ダウンロードしてください。

＼ どうぞ♡ ／

秋山剛（あきやま・たけし）

恋愛ビジネスプロデューサー

高校生で父親になり、結婚。

その後は「子どもに憧れられる親になる。子どもの夢は制限なく応援する」という想いを軸に起業し、複数の事業を手がけながら会社を経営。

そのひとつとして、結婚相談所を開所し、これまでに300組の男女を成婚に導き、主催する婚活パーティーでは、3000名以上をサポート。現在は恋愛・婚活・パートナーシップの専門家たちのプロデュースやサポートも行っている。

本書では、たくさんの悩める男女を相手にするなかで、「ここがよくなればうまくいくのに…」というケースを日々目の当たりにしてきた経験を元に、キャラクター化して紹介。

人と人とが豊かにつながり合う世界を目指している。

著書には『集客にも採用にも効果絶大！ 企業のSNS運用』『ゼロから集客できる 社長のSNS発信』『個人にも企業にも一番使える！ TikTokでビジネスをバズらせる本』（かざひの文庫）があり、社長や企業のSNS運用サポートでも活躍中。

装幀／佐藤アキラ
本文デザイン・組版／宮島和幸（KM-Factory）
装画・イラスト／遠藤庸子（silas consulting）
校正／株式会社BALZ
編集／星野友絵（silas consulting）

男女のタイプがまるわかり
恋愛キャラ図鑑

初版1刷発行　●2023年11月23日

著　者	秋山剛
発行者	小川泰史
発行所	株式会社Clover出版
	〒101-0051　東京都千代田区神田神保町3丁目27番地8 三輪ビル5階
	TEL 03-6910-0605
	FAX 03-6910-0606
	https://cloverpub.jp
印刷所	日本ハイコム株式会社

©TAKESHI AKIYAMA, 2023, Printed in Japan
ISBN978-4-86734-186-5　C0076